岩　波　現　代　文　庫

冬の蕾

ベアテ・シロタと女性の権利

樹村みのり
Minori Kimura

文芸 328

岩波書店

目次

初出一覧

「冬の蕾」
初出：『Belle ROSE』（少年画報社）一九九三年一二月号―九四年二月号
加筆掲載：『Ｈ・ｉミステリー』（宙出版）二〇〇二年六月号
単行本：労働大学出版センター、二〇〇五年
「あなたとわたし」「花子さんの見た未来？」「今日の一日の幸」
初出：『女性学・男性学――ジェンダー論入門』有斐閣アルマ、二〇〇二年

冬の蕾
ベアテ・シロタと女性の権利

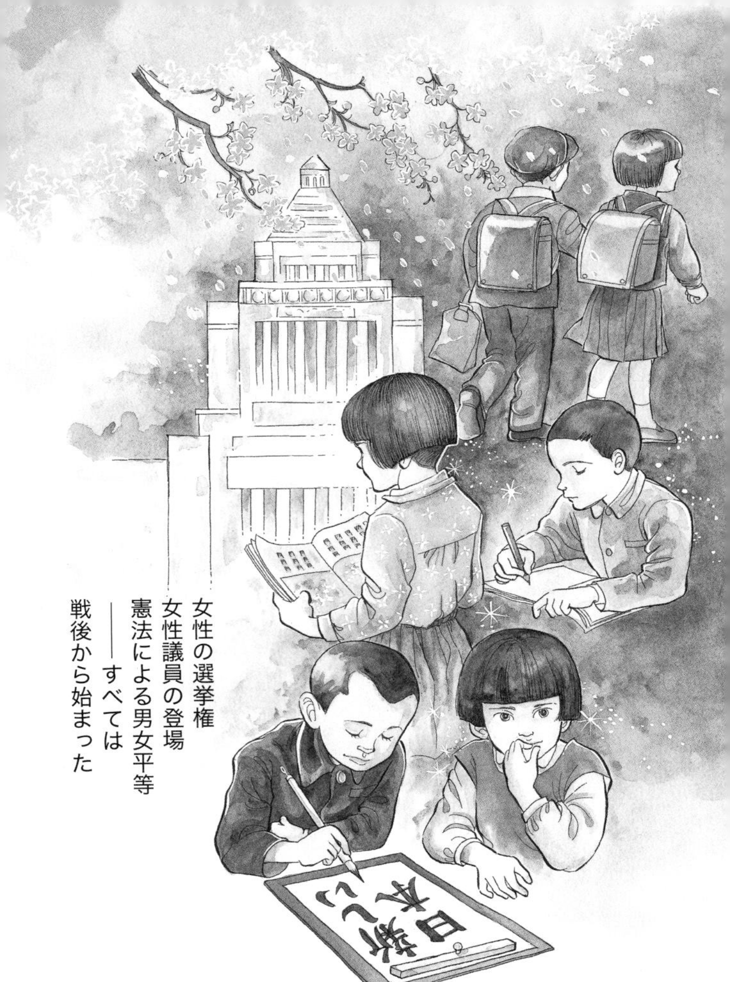
女性の選挙権
女性議員の登場
憲法による男女平等
――すべては
戦後から始まった
新しい日本

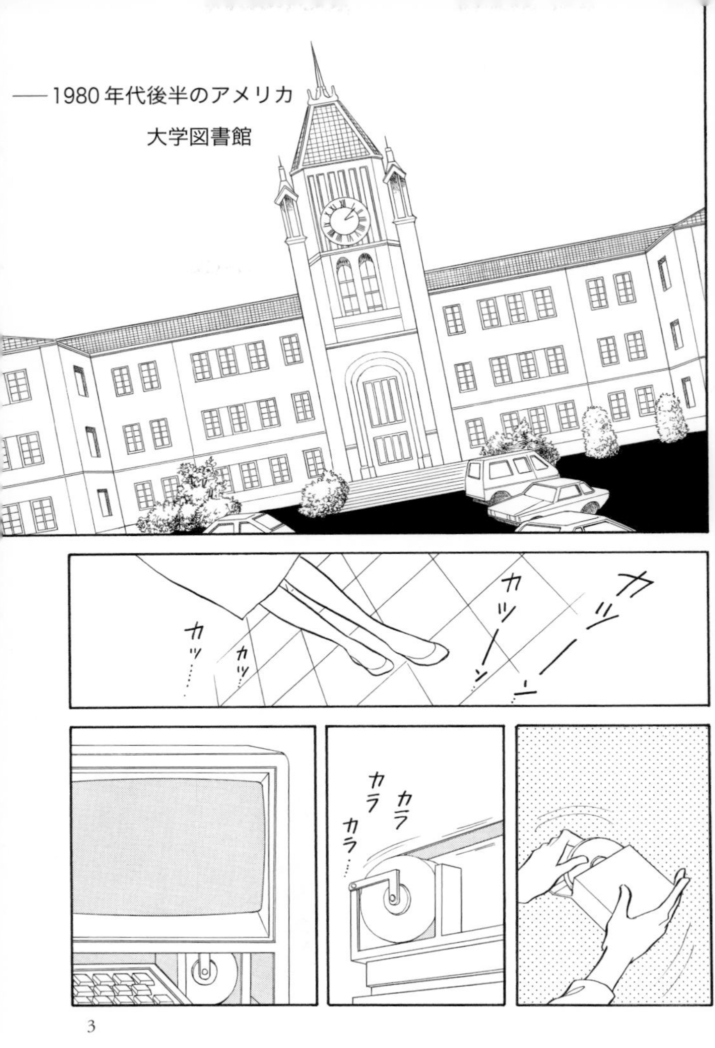
——1980年代後半のアメリカ
大学図書館
カツーン
カツーン
カツ
カツ……
カラ
カラ
カラ……

ベアテ・シロタ
ベアテ・シロタ
ベアテ・シロタ
ベアテ・シロタ
民間人の
民政局調査員
女性で
しかも
とても若い
………
日本の女性労働運動史の
専門家でもある
政治学者
スーザン・ファー教授は
日本国憲法成立の
過程を調査するうちに
人権と女性の権利の条項に
一人の若いアメリカ女性が
大きく関わっていたことを
知った

日本国憲法成立に
連合国軍総司令部（GHQ）の力が
大きく作用していたことは
今日ではよく知られている
1945年（昭和20年）
8月30日
厚木基地に降り立った
GHQ最高司令官
マッカーサーは
敗戦国日本において
統治の全権を与えられ
「日本の非国家主義化
非軍事化を推進し
民主主義的傾向を
強化すべし」という
指令を受けていた

1946年2月1日
当時の日本政府が
準備を進めていた
新しい憲法の草案が
毎日新聞によって
スクープされると
毎日新聞
憲法改正調査會の
立憲
君主主義を
國民に勤勞の
GHQは
すぐさま翻訳し
この憲法草案が
以前の大日本帝国憲法と
さして変わらず
日本の民主化には
そぐわない――と
判断した

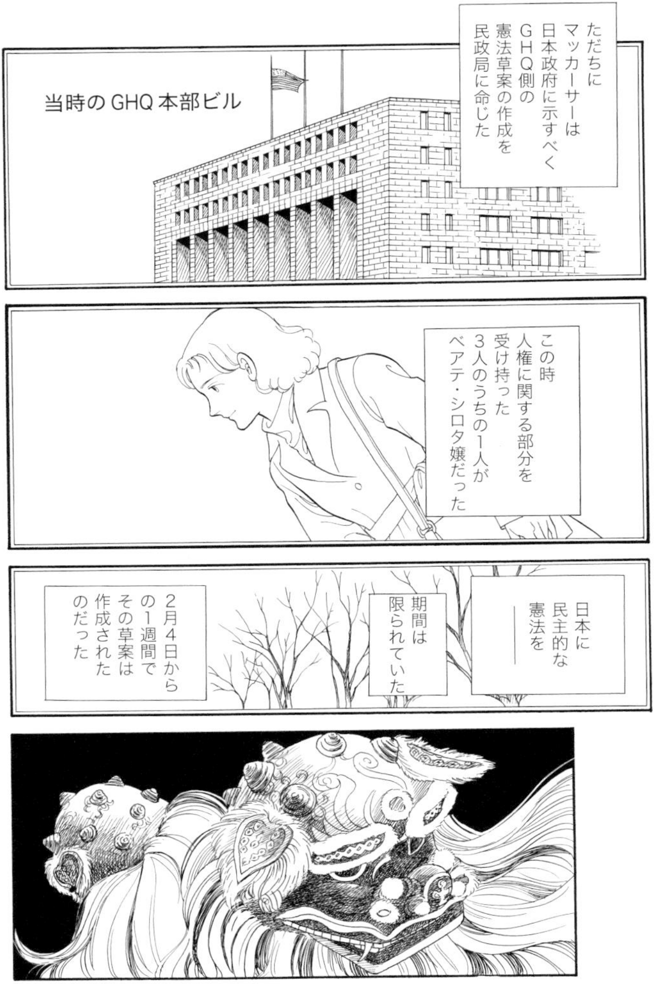
ただちに
マッカーサーは
日本政府に示すべく
GHQ側の
憲法草案の作成を
民政局に命じた
当時の GHQ 本部ビル
この時
人権に関する部分を
受け持った
3人のうちの1人が
ベアテ・シロタ嬢だった
日本に
民主的な
憲法を
——
期間は
限られていた
2月4日から
の1週間で
その草案は
作成された
のだった

ブラボー
ブラボー
素晴らしかったわ
パチ
パチ
パチ
パチ
明日の本番も
今日のリハーサル通りに
行きましょう
ワンダフル！
ゴードンさん
昨日
コンタクトを取った
とおっしゃる
スーザン・ファー
という方が
見えてますが

ベアテ・シロタ・ゴードンさんですね？
はい
戦後 同じく民政局に勤務していたジョゼフ・ゴードン氏と結婚
ゴードン姓を名乗るその女性は今はアジア協会の一員として 主にアジアの伝統文化をアメリカに伝える仕事に従事していた
そうですね
あれはわたしの人生でもとてもエキサイティングな面白い時でした

彼女は日本国憲法の人権の章に
性による差別の禁止 婚姻における男女の権利の平等を盛り込んだ
女性の権利と平等——これは当時の日本政府案には勿論のこと
民政局があらかじめガイドラインとして使おうとした文書にも漏れていたことだった
3人の人権チームの中で女性は 当時22歳の彼女だけだった
ベアテ・シロタは女性の項《パート》を任せられたった1人で女性の権利と平等の文面を作り上げたのだった
日本国憲法のあなたが関わった部分は諸外国と比べて今でも充分先進的なものです
当時 とても若かったあなたに何故このようなことが出来たのでしょうか？

わたしは子供の頃戦前の日本に住んでいました
そこでは女性にとって権利というものがありませんでした
わたしは自分の仕事の中で日本の女性に権利というものをあげたかったのです
日本の女性の冬の時代に一つの蕾《つぼみ》のように現れた憲法による「平等」
この2月の憲法草案作成に至るまでの
彼女のドラマはどのようなものだったのだろうか?
──1920年代・ウィーン

ベアテ・シロタは1923年ピアニストの父レオ・シロタと母オーギュスティーヌとの間にウィーンで生まれた
1928年ベアテが5歳の時父親が東京音楽学校(現在の東京芸術大学)にピアノの教授として招かれ一家は日本に移った
その後ヨーロッパではドイツでヒトラーが台頭しナチス突撃隊によるユダヤ人や左翼労働者への暴力が横行し始めた
ベアテの両親はロシア系のユダヤ人だった
両親は戦争中も日本に滞在したが
ヨーロッパに残った親戚には強制収容所で殺された者が何人もいたのだった

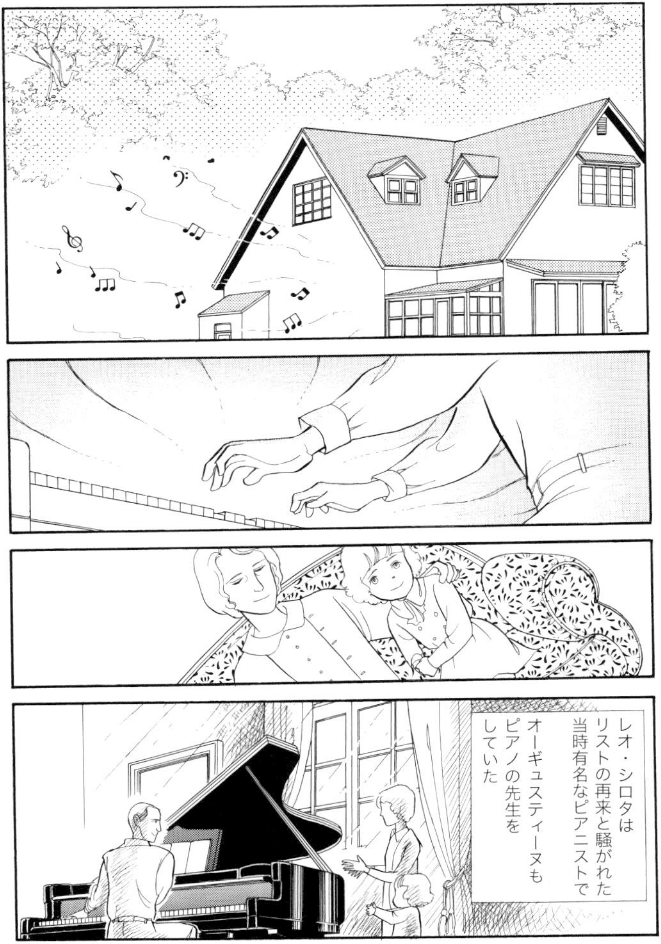

レオ・シロタは
リストの再来と騒がれた
当時有名なピアニストで
オーギュスティーヌも
ピアノの先生を
していた

レオ・シロタの名前を聞きつけて弟子入りする生徒は後をたたなかった
両親は才能のある生徒には時には無料でレッスンを続けさせていた
東京だけでなく大阪や神戸にまでレオ・シロタの演奏会とレッスンのための旅行が続いた
すばらしい演奏でしたわ
ご自宅までおしかけてすみません

ガターン
ガタガタガタガタ
それでは失礼しまーす
こゆ……
ママが落としたの？
しっと
この東洋の地で音楽家を育てることに生きがいを感じていた両親のもとで
ベアテは成長していった

両親とも
ピアノを弾いたので
わたしはとても
ピアノを習いたい
とは思いません
でした
そのかわり
言葉
両親も
いろいろな
国の言葉を
話しましたが
わたしも
言葉を
たくさん
勉強しました
日本では
ドイツ系の
学校で
独英仏語を
学び
家では
ロシア語の
会話だったが
ひい
ふう
み
彼女の
遊び相手は
近所の日本人の
子供達だった
これ
お母さんが
ベアテちゃんに
あげなさいって
ありが…と
できた!!
真梨子ちゃん
見て!
両親は
ウィーンで
極度の
インフ
レーションを
経験していた
ほんとに
あの頃は
ひどかったわ

ある時
わたし達は
お金が必要になり
とうとう大切な
ピアノを売ることに
なったの
でも 次の日
そのお金では
一着の服と
一斤のパンしか
買えなかったのよ
お金というものは
出たり
入ったりして
時には その人の
せいではなく
簡単に
お金持ちになったり
貧乏になったり
します
当時の日本では
わたし達だけでなく
たいていの西洋人は
お手伝いを
雇ったりして
とても良い
暮らしが
出来ていました
けれど わたしは
母のおかげで
物事はいつも
こんな風に
うまくいく
わけではないと
いつも
はっきり
意識して
いました
ベアテの父は
ピアノと音楽に
熱中していたが
母は物事を
現実的に
見つめることが
出来た

ほうき〜〜〜
ほうき〜〜〜
チン・トン・シャン……
はい
もう少し
こう曲げて
両親は
日本の社会から
孤立した
他の外国人のようには
なりたくなかったのです
それで
両親には
教え子を含め
たくさんの
日本人の友人達が
いました

彼らはみな
よい教育を受けた
真面目な人々で
そして読書家だった
トルストイや
ドスト
エフスキー
ゲーテなどを
よく読み
招かれて
訪問した
彼らの両親もまた
知的で教養の
ある人たちだった
わぁー
大きなおうち
こんにちは
やあ
よくいらっしゃい
ました

?
けれど
その人達の
多くの妻達は
いつも控え目で
食事の席には
同席せず
台所で立ち働き
自分の食事も
そこですませていた
ベアテの眼には
日本の家庭が
不思議な
ものに映った

お母さま ベアテちゃんよ
こんにちは おじゃまします
まあ 可愛らしい
それに なんて 日本語が お上手なの
ただいま
あ
お父さまの お帰りよ
あなた
シロタさん ところの お嬢さんが いらしてる のよ
おお
そうか

こんにちは
やあ ゆっくりして いきなさいよ
クスクス…
なあに ベアテちゃん
だって 真梨子ちゃんの お父さまって 小さな子みたい
お洋服 着替えるの お母さまに 手伝って もらっている

ほおー
お父さんは
ピアノの先生
なの?
ごそ…
ごそ…
はい
おーい
母さん
パタ…
パタ…
はい
何ですか?
すまんが
そこのマッチ
取ってくれ
ついでに
あっちの隅の
灰皿
はい
はい
それと
玄関に夕刊が
来てる頃だから
見て来てくれ
?
自分で取れば
いいのに〜〜…

妻は夫から給料袋を渡され
今月これでやってね
給料
子供の躾《しつけ》や教育まで任せられていた
あ…よしよし
3×4は12でしょ
女の人は家の中でとても大変なことをしているのに
外へ出たら夫より遅れて少し後ろを歩くようにと教えられていた
ピアニストなど少数の専門職を持つ女性も幾人かはわたしの家を訪れていましたが
他の多くの女性は家庭に一生を捧げているようでした

それでは ここで ちょっと 戦前の日本の 家庭をモデルにして
戦前の女性が 法律的には どのように 扱われていたか 見てみよう
夫
妻
長女
長男
まず 戸主権という ものがあり
エヘン!
戸主(家長)の 家族に対する支配権は 絶対であり 家族は服従しなければ ならなかった
お父さま わたくし 田中さんと 結婚したい のですが
だめだ だめだ
わしは 許さんぞ
女子は25歳まで 家長の同意なしには 結婚ができなかった

奥さま いかがでしょう これで お召し物など
すてき お母さま
あなた 何年も お着物 作って ないいんですもの
お父さまには 内緒にね
そんなもの わしは許した 覚えはないぞ
ですが… 奥さまが
きみね 夫の許可のない 妻の経済行為は 無効なんだよ 知らないの？
いいわ 実家から いただいた 貯金が 少しあった はずだから それで 払いましょ
おかあさま！
残念でした
結婚したら 妻の財産だって 夫に管理権が あるんだよ
おまえの内職の お金だって わしの自由 なんだから
ちょきん
あれぇ…
夫の姦通は 離婚原因には ならないが
文句 あるか？
妻の姦通は
もうイヤ あんな人 最テイ！
奥さま ご同情 いたします

こらー
牢屋に入りたいか
刑法上の罪となるうえ
この姦夫め！
夫が2人を刺傷しても罪にならなかった
あれ～
あっ
ピキピキ
高血圧が…
ご臨終です
ほっ…
そして夫が死ぬと
子供のうち男兄弟は姉妹に優先して戸主となり財産は全て男兄弟が相続した
ぼくが今日から跡取り(戸主)だ
母さんと姉さんはぼくの扶養家族だよ
2人ともこれからはぼくの意見に従ってもらおう
すっく!!
女子には父の財産の相続権がないのね
男子がいない家庭では長女が戸主となったが
いっそ独身だったほうが……
養子縁組で婚姻した場合には戸主権は婿養子に移りあくまで男子尊重の制度だった

戦前の女性は法的にはまったくの無能力者で人生のどの時代でも父・夫・息子――という専制君主の下《もと》で過ごさねばならなかったのだ
母には日本の女の人の友人がたくさんいました
母は友人達からこうしたことを興味を持ってよく聞いていました
だって仕方ないんです
わたし一人娘なのでわたしが養子をもらわないと家系が絶えてしまいますので
でもあなたその人の事とても好きになれないのではなかったの？
結婚は愛しあう2人がするものではなくって？
愛がなくても結婚しますのよ日本では

夫の死後その両親によって家から追い出された妻もいた
2人の子供は親族会議で亡夫の両親の家に取られたという
妻の親権が確立されていない時代だったのだ
夫がお妾さんを家に住まわせても
批判も離婚も出来ずじっと耐えるだけの妻もいた
日本の女の人が優しくて淑《しと》やかで謙虚で忍耐強いのは
何ひとつ自分の手で自分の人生を決めることが出来ない諦《あきら》めゆえなのかしらね

またベアテはこの時の日本女性には選挙権が無かったことを母から聞き知らされたことだろう
欧米の女性達がもう10年以上も前から手に入れはじめた権利なのよ
農村で凶作娘の身売り続出
美代さん？
何ですかベアテさん

ムスメのミウリって何？
ああそれはね
お米の不作で生活に困ったお百姓さんが
女のお子さんも働きに出すことですよ
ふうん
パパやママと離れてしまうこと？
そうですよ
ベアテさんは良うございましたね
よいお父さまとお母さまに恵まれて

日本の貧しい家の女の子達は
小さい時から学校へも行けず働きに行ったりしなければならないんですよ
中には とても働きに行きたくないような所へもね
1931年(昭和6年)満州事変勃発
1933年(昭和8年)日本は国際連盟を脱退ヨーロッパではナチスが政権を獲得
世界中がゆっくりと戦争への道を歩み始めていた

ピアニストになることは早くから断念していたベアテだったが
モダン・ダンスのレッスンには長い間熱心に通っていた
あなたにはテクニックが足りないわベアテ
わたしの知っている一流の舞踊家は皆 抜群のテクニックを持っていたわ
パブロワでしょダンカンでしょ…
あなたはこれから先どんなにダンスを努力しても
せいぜいが三流の舞踊家にしかなれないでしょうね
発表会で先生の相手役をするようになっていた彼女にとって
母の言葉はショックだったに違いない

そうして三流のダンサーの生活がいかにみじめなものか
ウィーンではね…
パトロンもつかず
場末のダンス場でアルバイト…
ああだこうだ
あげくの果てにのたれ死に
とくとくと話して聞かせた
ママもういいって…
あらお嬢さん今日はダンスの日じゃなかったですか?
やめたの
バリ
バリ
バリ
ベアテは怒ってダンスをやめてしまった
母の言葉に反発してダンスを続ける道もあったかもしれません
でもわたしは心の深い所では母の独特の直観力と芸術に対するセンスを信頼していたのでしょうね

けれど また
ベアテの才能を
指摘したのも
母だった
ママはね
あなたの才能は
むしろ語学に
あるんじゃ
ないかと思うのよ
実際 彼女は
何の苦もなく
努力もしないで
ドイツ語
フランス語
ロシア語・英語
ラテン語
あしたのパーティのおさかな…！
あらまあ
ママたちより早く日本語をおぼえましたね
そして
日本語を
マスター
していた
日本の
アメリカン・スクールを
15歳で卒業
する時には
日本語の
「義理」について
英語で
演説して
良い点を取った

1939年 ベアテは 西海岸にある 名門女子大 ミルズ・カレッジに 入学するため アメリカへ渡った
それじゃ わたしたちは これで帰る からね
ベアテ
両親は 15歳の娘の 留学を心配して サンフラン シスコまで 一緒にやってきた
PARIS
女性は 真っ白な タオルみたいな ものなの
貞操!!
誰かが そのタオルに タッチすると 白いタオルでは なくなるのよ わかったわね
はい はい…
それじゃ 身体に 気をつけてね

両親が日本に帰って行くのを見送ると
たった1人のアメリカでの学生生活が待っていた
女性の学長を持つこの大学は女子教育に使命感を抱いていて
主婦になるためのいわゆる「お嬢さん教育」は一切せず
専門職を持って世界に羽ばたき活躍するように——と
女子学生達をいつも励ましていたという

わたしは言語学と文学を専攻し
アメリカの自由な空気を楽しみました
女子大では当然のことながら学生の全ての自治活動は女性の手によって行なわれる
自治会も学生協も
演劇祭も体育祭も運営委員会は全て女性の手によって組織されまとめられた

彼女らは誠実で真面目で粘り強く大胆で
幾度も熱心に議論し採決し果敢に行動しました
リーダーやサブ・リーダーばかりでなく委員会の全員が実生活ではめったにしない経験創意の実現――という経験に眼を輝かせた
体育祭の最終日を他校との対抗試合の勝利で締《し》め括《くく》った時は有志で街に繰り出しました

それは今まで見てきた日本の女の人との
なんという違いだったのだろう
次の年両親がベアテに会いにアメリカにやって来た

パパ
ママ
元気?
ああ
きみも元気そうだね
アジアでは日本軍の中国侵略ヨーロッパでもすでに戦争が始まっていたがアメリカでは戦渦は まだ遠い彼方だった
きみも知っているだろうが
この9月日本はドイツの軍事同盟国になった

ドイツ本国やヨーロッパの支配下の国ではユダヤ人が公職から追放されている
Rudley's
COFFEE SHOP
NO PARKING
いずれはドイツの圧力でわたしも今の職を失うかもしれないよ
そんな…パパ
大丈夫だよわたし達には良い友人も多い
心配はいらないよ

あの時日本に帰る両親をひき止めるべきだったとベアテは後になって後悔した
けれど両親――特に父親は日本とアメリカが戦争をするなんて考えてもみないようでした
きみの卒業式にはまた来るよ
手紙ちょうだいねベアテ
――けれどベアテの卒業式に両親が出席することはできなかった
翌1941年(昭和16年)12月8日日本軍の真珠湾奇襲攻撃によって日米が開戦した

号外！号外！
ジャップが戦争をけしかけて来たよ
号外！号外！
渡航は勿論のこと両親とはそれ以後終戦までまったく音信不通になってしまった

戦時中
ベアテ・シロタは
アメリカの市民権を
取得して働いた
日本語が堪能であったため
米連邦通信委員会で
日本の短波放送を
モニターする仕事に就いた
当時
日本語が理解できる白人は
全米でたった60人だけ
だったという
大学卒業後は
タイム誌の
編集局に勤務し
調査編集員の
仕事をした
当時
タイム誌には
女性の記者が
いませんでした

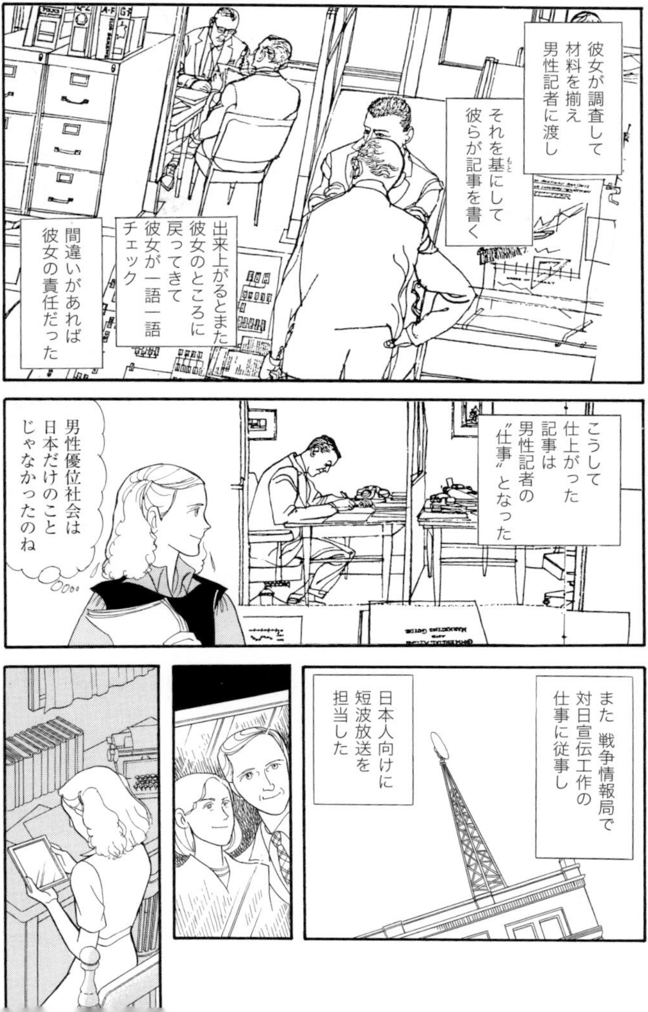
彼女が調査して材料を揃え男性記者に渡し
それを基《もと》にして彼らが記事を書く
出来上がるとまた彼女のところに戻ってきて彼女が一語一語チェック
間違いがあれば彼女の責任だった
こうして仕上がった記事は男性記者の〝仕事〟となった
男性優位社会は日本だけのことじゃなかったのね
また 戦争情報局で対日宣伝工作の仕事に従事し
日本人向けに短波放送を担当した

神さま
わたしの声が
パパとママに
届いていますように
パパとママが
悲しい目に
遭っていませんように
辛い目に
遭っていませんように
1945年8月
——戦争が
終結するやいなや
彼女は占領軍の
民政局員に応募した
まだ一般人の
日本への渡航は
許可されていなかったのだ
ベアテ・シロタです
あの…
結果は?

さっき郵送しましたよ
ええでも
それだと知るのは明日になってしまうので
じっ……
いいでしょう
ちょっと待ちなさい
ミス……シロタ?
はい…
おめでとう採用ですよ
1945年12月
ベアテは
両親に会うため
日本へ渡った

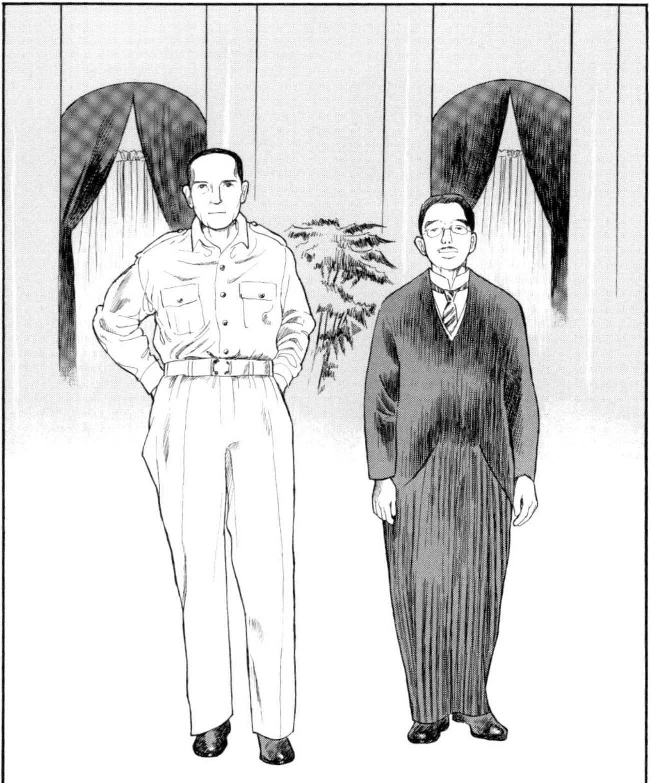

アメリカ大使館にマッカーサーを訪れる天皇
（1945年9月27日）

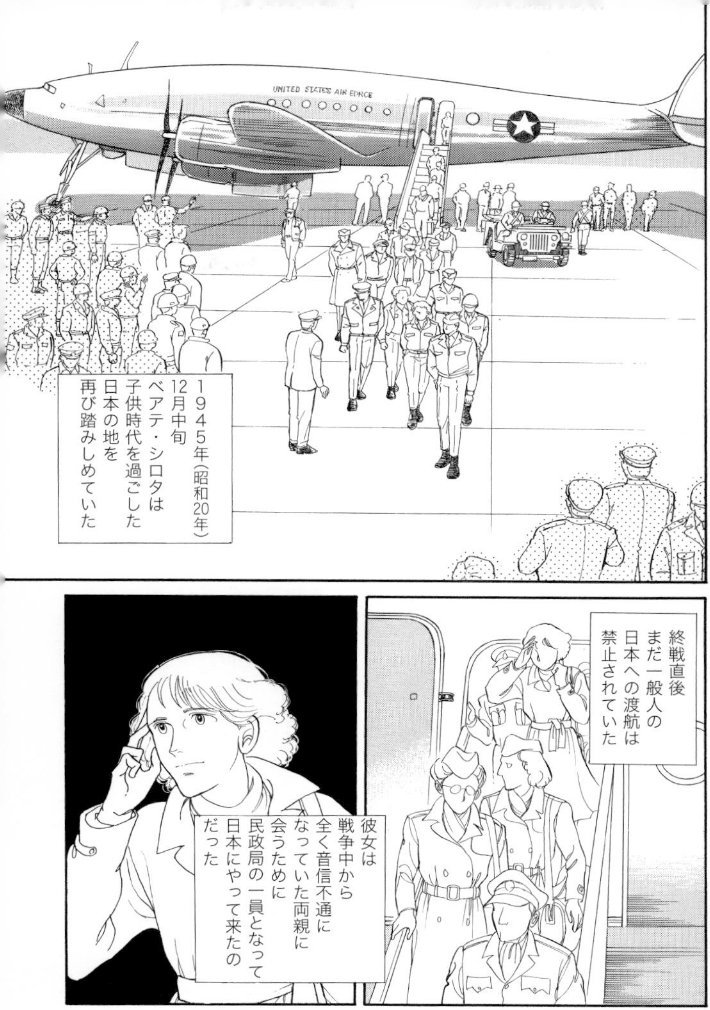
1945年(昭和20年)12月中旬 ベアテ・シロタは子供時代を過ごした日本の地を再び踏みしめていた
終戦直後 まだ一般人の日本への渡航は禁止されていた
彼女は戦争中から全く音信不通になっていた両親に会うために民政局の一員となって日本にやって来たのだった

——1945年・東京
戦争で ずいぶん 変わって しまったのね
町も 人々も
GHQ
BUS TERMINA
WAITING ROO
GINZA
WASHINGTON HEIGHTS
ZONE 3

乃木坂の
あのお家も
戦災を受けて
もう無いかも
しれない
東京空襲の
激しさを
アメリカで
聞いていた
ベアテは
もしかして
両親は軽井沢に
持っていた別荘に
移っているかもしれない
と考えたが
何はともあれ
以前の我が家の場所に
駆けつけてみた

隣りの真梨子ちゃんのお家も
長谷川さんの家も川口さんの家もみーんな焼けてしまったのね
これでは電報が着いていたかどうかわからないわね……
ベアテはアメリカを発つ前日本の両親に向けて電報を打っておいた
それは日時を指定して都内のホテルのロビーで会うことを伝えたものだった
HOTEL D
その日ホテルへと急いだ

すみません ベアテ・シロタ といいますが
何か ことづけが 届いて いないで しょうか？
え……と
日本の方から ですか？

いいえ　あの…
中年の外国人夫妻と会うことになっているのですが
さっきからずっと待っているのに見えなくて…
さあ…
何のメッセージもフロントには届いておりませんが
その人達の名はシロタ夫妻といいます
わたしの両親なんです
電話か何かも入っていません?
その時奇跡のような偶然が起こった
お嬢さん
もしかしてそのシロタさんという方はピアニストのレオ・シロタさんのことですか?
え?
ご存じですか?
ぼく　昨夜《ゆうべ》その人の演奏をラジオのJOAKで聴きましたよ

ベアテは すぐJOAK （東京中央放送局）に 電話をかけた
JOAK
RADIO TOK
はい 昨日の晩 確かに レオ・シロタさん に
こちらの スタジオで ピアノを 弾いていただき 放送しました
ですが 今朝早く 軽井沢へ 帰られました
今頃は おそらく 汽車の中に いらっしゃるかと 思われます
ベアテは その場で 軽井沢の別荘に 電報を打った

軽井沢
軽井沢――っ
だんな様
だんな様
美代さん？どうしました？
ベアテさんから電報です
日本に来ていらっしゃるんですよ
ついさっき届きました

駅員さん
明日の上《のぼ》りで一番早いのは何時ですか？
え…と
朝の7時からありますが…
よーし決まった
明日東京へ行って
ベアテに会って来ます
こうして奇跡のような再会が次の日かなった
パパ？

ベアテ
…
…
…
…
…
パパ…
その時のパパといったら
ほんとうにやせていて…
両頬にスジが入るくらいにやせてしまっていました

2人は手短かに話しあった
両親は外国人だったので戦争中軽井沢の町を出られなかったこと
アメリカからは手紙は1通も届かなかった
食べ物に非常に困った
ベアテはGHQの民間女性文官に応募して来日の機会をつかんだことを伝えた
ママが来れなかったのはね
やはり食料不足のせいでママはこーんなに太ってしまい
ベッドから起きあがるのも大変になってしまったからなんだ
そういうこともあるんだねパパはこんなにやせてしまったのに
それは栄養不足からの一種のむくみに違いなかった
次の休暇にベアテは持てる限りの食料を持って軽井沢を訪ねた

バタン

12月の軽井沢は……
ほんとに寒くて寒くて
おまけに暖炉の燃料もほんの少ししかありませんでした
コートやらセーターやら家の中で着こんでも
夜になるとまだまだ寒かったのです
わたしは戦争中のパパとママがこんなふうに暮していたのかと思い知りました
戦争中パパたちはここを出られなかったけれど
昔の生徒たちが幾度か訪ねてくれたんだ
浅間山の噴火で窓ガラスが割れて困っていた時
生徒だった女の子とお母さんが東京からガラスを持って来てくれて
窓に入れていってくれたのにはほんとに助かったよ

食事の用意できたわ
美代さんテーブルに並べましょ
はい
じゃあもう少し薪を持って来ておこうかな
?
父はピアニストでしたから普段からそれはそれは手を大切にしていました
その父が自分で近所の森から暖炉用に木を切り出していたかと思うと…

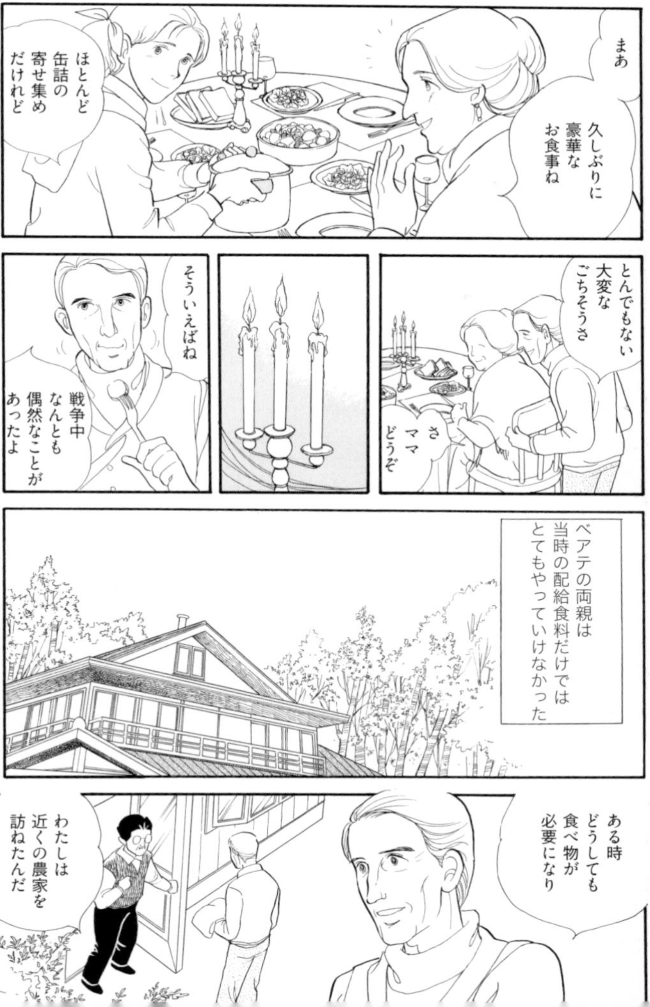
まあ
久しぶりに豪華なお食事ね
ほとんど缶詰の寄せ集めだけれど
とんでもない大変なごちそうさ
さママどうぞ
そういえばね
戦争中なんとも偶然なことがあったよ
ベアテの両親は当時の配給食料だけではとてもやっていけなかった
ある時どうしても食べ物が必要になり
わたしは近くの農家を訪ねたんだ

わたし達は この森の 向こうの家に 住む者ですが
すみませんが このセーターと 何か食べ物を 交換して もらえない でしょうか？
もちろん その家の人は 突然やって来た 見知らぬ外国人を 警戒し 最初は良い顔を しなかった
ところが その家の人は しばらく わたしの顔を じっと見ていると
何か 合点がいった というような 顔をしたんだ
あの…
良かったら ちょっと中に 入って下さい
え？
父親は いわれるままに 居間に入った
もしかして
これ あなたじゃ ありませんか？

なんと そこには レオ・シロタ氏の 日比谷公会堂での 演奏会のポスターが 貼られていたのだった
リストの再来!!
レオ・シロタ
東京 日比谷公会堂
ええ 確かに わたしです
まだ 戦争前の 演奏会の ですが
やっぱり そうでしたか
わたしはこの時 偶然この演奏会に 行き あなたの ピアノにすっかり 魅せられて
係の人に 頼んで このポスターを 持ち帰って 来たのです
いや 驚きました
こんな ところで あなたに お会いできる なんて
それからは その家の人は 卵でも肉でも 喜んで 交換してくれた
まず 最初に 訪ねて行った家に わたしの演奏を たった一度聴いて 記憶していて くれた人が いたなんて
なんだか 不思議な 思いが したよ

そういえば ホテルのロビーで パパ達を 待っている時も
偶然 その前の晩 ラジオで パパのピアノを 聴いたという 人がいたので
次の日 パパに 会うことが できたのよ
不思議でも なんでもないわ
人生はね そういうことに 満ち満ちている ものなのよ
ママの 神秘主義だね
あなたは憶えて いないかも しれないけれどね ベアテ
まだウィーンに いた頃 小さい赤ちゃん だった あなたを
わたしは 〝可愛い 日本の子〟と 呼んでいたのよ
あなたの アーモンド型の眼が 日本人の眼の形と 似ていたので

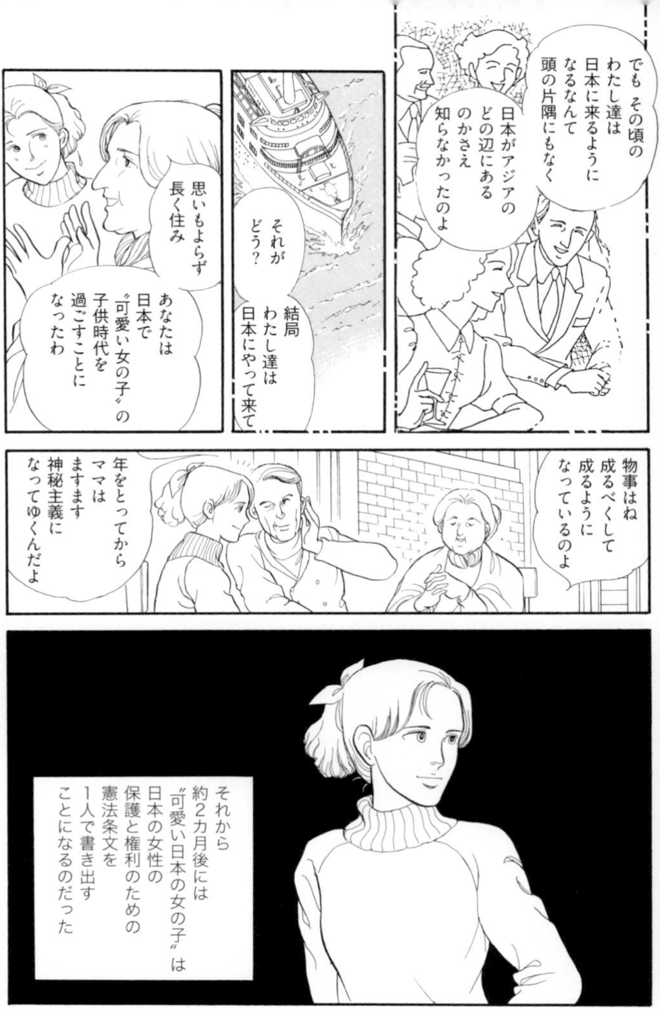
でも その頃の わたし達は 日本に来るように なるなんて 頭の片隅にもなく
日本がアジアの どの辺にある のかさえ 知らなかったのよ
結局 わたし達は 日本にやって来て
それが どう？
思いもよらず 長く住み
あなたは 日本で “可愛い女の子”の 子供時代を 過ごすことに なったわ
物事はね 成るべくして 成るように なっているのよ
年をとってから ママは ますます 神秘主義に なってゆくんだよ
それから 約2カ月後には “可愛い日本の女の子”は 日本の女性の 保護と権利のための 憲法条文を 1人で書き出す ことになるのだった

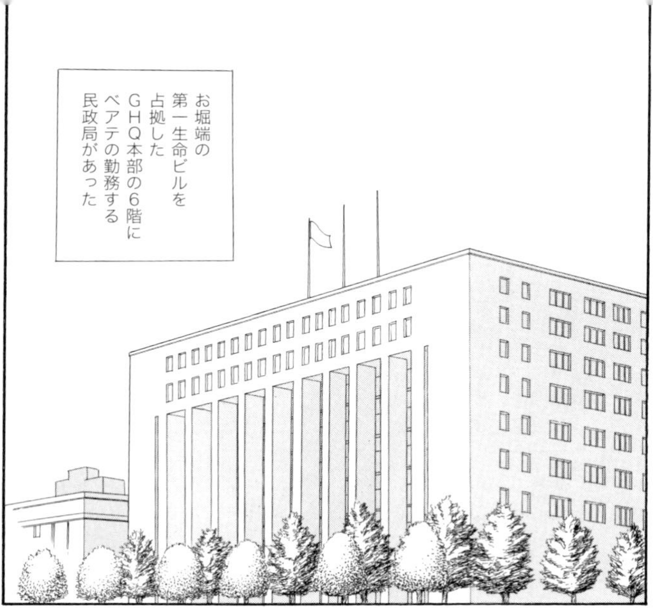
お堀端の
第一生命ビルを
占拠した
GHQ本部の6階に
ベアテの勤務する
民政局があった

宿舎に割り当て
られた神田会館
(現YMCA)から
毎日20分ほど歩いて
通勤した

帝国ホテル
(高級将校と
重要民間人
の宿舎)
IMPERIAL HOTEL
帝国ホテル
主婦の友社
(GHQ女子
将兵用宿舎)
アメリカ政府は
来たるべき
日本占領にそなえて
あらかじめ主だった建物を
爆撃目標から
除いておいたのだった

戦争末期 日本は 若い航空兵たちに 自爆死させ 戦線の惨敗を 国民にひた隠しにして
「新型爆弾」を ほのめかす アメリカ側の 再三の降服要求にも
現実に 原爆が投下 されるまで 耳を貸さなかった
同じ頃 アメリカは 自軍の宿舎や 執務所を 想定しながら 東京爆撃を 計画していた
先の戦争の 2国間には このような差が あったのだった
はあっ…

ウィ～～～……ン
ヒソ
ヒソ
?
…そうなんだ まったく ひどいものさ
馬鹿だなあ 国の婚約者《フィアンセ》に どう話すつもり だい
それって ジョーク
でしょう? 最テイよね
グッド モーニング
ハーイ グッモーニン
聞いた? ベアテ
今ね どこの師団に 一番性病が多いか 医務局の話題 ですって
ヘンな所へ 通うから 自業自得よね

それがね信じられない話だけれど
日本政府はアメリカ軍が要求もしないのに
アメリカ兵のために――と早々とコール・ガールのサロンを用意したのよ
なんて言ったかしら日本語で
特殊慰安婦施設
警視総監が陣頭指揮を執って業者に委託して
政府がそのサロンに融資しているのよ
食べるのも大変な時ですもの
中には慰安婦がコール・ガールのことと知らずに応募してきた女性も多いらしいわ
この話を推進したコノエという男は何度も日本の首相を経験した公爵だというから驚くわね
日本人ってなんてクレイジーなのかしら

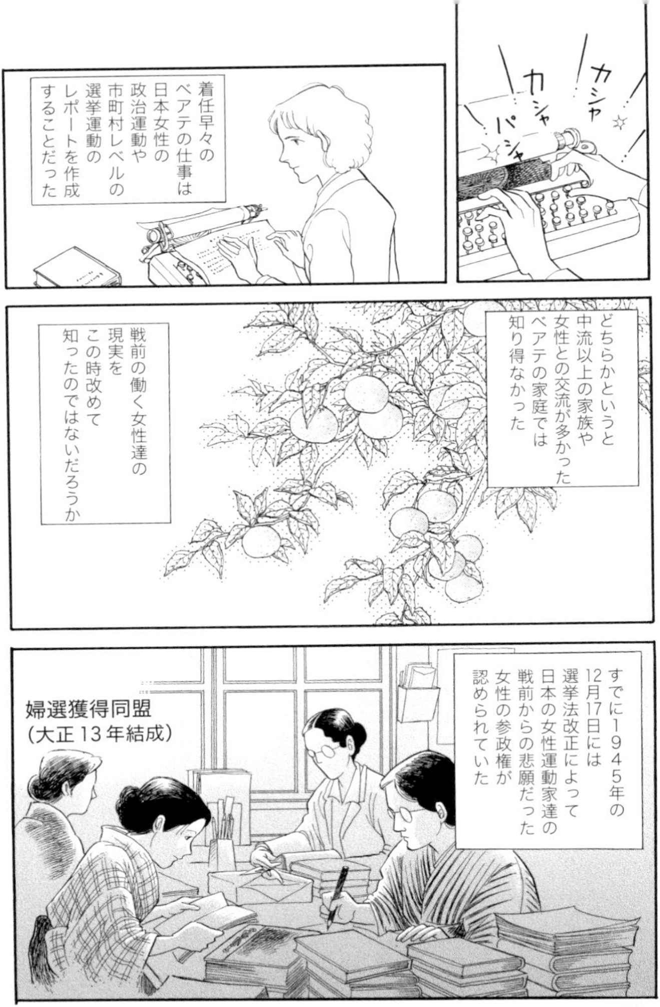
カシャ
カシャ
パシャ
着任早々のベアテの仕事は日本女性の政治運動や市町村レベルの選挙運動のレポートを作成することだった
どちらかというと中流以上の家族や女性との交流が多かったベアテの家庭では知り得なかった
戦前の働く女性達の現実をこの時改めて知ったのではないだろうか
すでに1945年の12月17日には選挙法改正によって日本の女性運動家達の戦前からの悲願だった女性の参政権が認められていた
婦選獲得同盟
(大正13年結成)

戦前にあった
婦人参政権運動も
戦中は一時的に
頓挫していたのだった
婦選
十二月號
GHQの女性陸軍中尉
エセル・ウィードは
そうした日本女性の
リーダー的な人々と
数多く会い
意見をかわし
民主的な組織づくりや
権利政策づくりに
つとめていた
しかし
そのウィードも
民政局で極秘のうちに
進められた
憲法草案(下書き)の
動きは知らなかった
──1946年1月
ベアテの両親は
年末には
軽井沢を後にして
新年
おめでとう
パパ
ママ
東京は世田谷の
かつて教えた弟子の
家に部屋を借り
健康を取りもどし
つつあった

ア…
アイム・ソーリー
羽つきね
わたしも
子供の頃
よくやったわ
日本語
おじょうず
なんですね
戦争前
日本に
住んでいたのよ
あなたたち
くらいの頃
そして
1946年（昭和21年）
2月4日
民政局の
ほぼ全員が
会議室に
呼び集められた

さて 諸君
民政局長 ホイットニー
諸君は 今から 憲法草案制定会議の メンバーである
ザワ…
ザワ…
これから 部門別の 小委員会に 区分けする
それぞれ 民主主義に 基づいた 日本にふさわしい 憲法の草案を 作成するように
この週末には 各グループは 仮案を 提出すること
なお これは マッカーサー総司令官 の命令による 最高機密《トップ・シークレット》 であるから 決して 口外しないように

もちろん
皆 驚きました
中には
他の国の憲法を
草案(下書き)と
いえども
わたし達がつくって
いいのだろうかと
心配を表明する
人もいました
でも
軍の命令は
絶対でしたので
わたし達はただちに
作業を開始したんです
「人権に関する委員会」は
ベアテを含めて3名だった
やあ
よろしく
ピーター・
ロウスト陸軍中佐
(47歳)
ハリー・
ワイルズ
(55歳)
ベアテ・シロタ
(22歳)
女性のことは
どうも我々には
苦手な分野だ
あなたは
女性ですから
女性の人権のパート
を受け持ってみては
そりゃあ いい
どうでしょう
シロタさん

一国の憲法をつくるというのは今の一般のわたし達にとって雲をつかむような話だが
憲法草案制定会議運営委員会の主だったメンバー
チャールズ・ケーディス陸軍大佐(40歳)
マイロ・ラウエル陸軍中佐(43歳)
ルース・エラマン
アルレッド・ハッシー海軍中佐(47歳)
当時民政局にいた軍人の多くはハーバードやスタンフォードの法律学校《ロー・スクール》＊の卒業者で弁護士・大学教授・議員や行政の経験者が集まっていた
毎日毎日が混乱の中で刻一刻と変化していた戦争直後の時代
GHQ側の動きの前に日本側からも憲法改正の動きが起きていた
まず1945年(昭和20年)10月25日
日本政府は「憲法問題調査委員会」を設置して起草準備を開始した
メンバーは当時一級の憲法学者達だった

＊日本の法科大学院にあたる。3年制。

同年11月11日には
政党のうち
共産党が
いち早く
主権在民の
憲法草案を
公表した
12月26日
民間レベルでは
自由主義的《リベラル》な文化人による
「憲法研究会」が草案要綱を
政府とGHQに提出
ここには
主権在民
出身や身分による
差別の禁止
8時間労働などが
盛り込まれ
GHQは
この草案を
最も高く評価
していた
年が明けて
1946年(昭和21年)
1月21日
自由党による
憲法草案の公表
2月14日
進歩党の
憲法草案公表
女性の権利についての記述は
2月24日公表の
社会党案に
「婚姻は男女同等の権利を
有する」とわずかに見られた
龍
さて 日にちは
前後するが
この年の
2月1日
まだ討議中だった
日本政府の憲法試案が
毎日新聞に

ＧＨＱはその保守的内容に驚き同日のうちに会議が開かれた
政府はこれまでの最も保守的な遅れた草案を準備して我々に提出しようとしていた
天皇の権限といいこれでは戦前の明治憲法とさして違いは見られない
国民の権利も明確に保障されていない
日本は長年封建制度のもとにあった国だ
その政府に我々のいう民主主義を理解せよというのは無理なのかもしれない
ではどうしたら彼らに民主主義的な憲法をつくらせることが出来るだろうか
その結果あらかじめＧＨＱ側で憲法の下書きをつくり日本政府に示すという案が取られた
それは
一、天皇を国家元首の地位に置くこと
（ただし国民の基本的意思に応えるものであること）
二、戦争の放棄
三、封建制度の廃止
――を三原則としていた

2月4日に
民政局員が
受けた命令には
こうした背景が
あったのだった
法律の専門家
ではなかった
ベアテは
まず参考資料に
あたることを
思いついた
民政局ですが
ジープを
借りられますか?
できれば
運転は
道をよく
知っている
日本人に
頼みたいのですが
本を
借りたいのです
どこか
大きな図書館を
いくつか回って
下さい

わたし達の任務は極秘の任務でした
ひとつの図書館で民政局の人間が世界の憲法の本をいくつも借りたら怪しまれると思い
こちらで1冊あちらで2冊
分散して借り出すよう気をつかいました
もっとも後になって
わたし達今ケンポー作ってるのよ
――と気軽に他の人にしゃべっていた女性局員もいて他の局員も それを面白がっていたということだったので
最高機密

おもに
英文の法律書
だったので
たぶん
大学の図書館などに
多く行ったのでは
ないかと思うのですが
どこへ行ったかは
よく憶えて
いません
手持ちの資料が
手薄だったのは
他の法律のエキスパート達も
同じだった
ミス・シロタ
良い本を
お持ちですね
図書館で
借りてきたんです
よろしかったら
どうぞ
ご覧下さい
わあ
いいんだ
わたしにも
見せて
読み終わったら
貸してね
ベアテ
ワイ
ワイ
ガヤ
ガヤ
ぼくも
次 借りて
いいですか?
シロタさん

ベアテが
参考にしたのは
ソ連憲法
ワイマール憲法
ポーランド憲法
デンマーク
スウェーデンなどの
スカンジナビア諸国の
憲法などであった
どの部分を
参考にしたのかは
昔のことなので
忘れてしまいましたが
女性にとって
良いと思われたものは
皆 取り入れようと
思いました
もちろん
そのままで
なく
わたしの
見聞きした
ことを交えて
これだけは
憲法に入れたい
と思うものを
作成しました

ベアテがつくった
原案の主だったものは
次のような文で
成り立っていた
(人権に関する章の)
第18条
家庭は、人間社会の基礎であり、
その伝統は、善きにつけ悪しきにつけ、
国全体に浸透する。
それゆえ、婚姻及び家庭は
法律の保護を受ける。
婚姻及び家庭は、
両性が法的にも社会的にも
平等であることは
争う余地のないこと、
親の強制にではなく
相互の合意に基づくもの
であること、並びに
男性の支配にではなく
両性の協力に基づくもの
であることを、ここに
定める。
これらの原理に反する
法律は廃棄され、
それに代えて、
配偶者の選択、
財産権、
相続、
住居の選択、
離婚並びに
婚姻及び
家庭に関する
その他の事項を、
個人の尊厳と
両性の本質的平等の
見地から定める法律が
制定されなければならない。*
次に
戦前の
女性労働者の
母性の保護と
非嫡出子
(婚姻関係にない
男女間に生まれた
子供)
差別についての
彼女の明解な回答
ともいえる
第19条があった

第19条
妊婦及び乳児の
保育に当たっている母親は、
既婚であると否とを問わず、
国の保護及び彼女たちが
必要とする公の扶助を
受けるものとする。
嫡出でない子は、
法律上不利益に
取り扱われてはならず、
その身体的、知的及び
社会的成長について、
嫡出の子と同一の権利と
機会を与えられるものとする。＊
一方
ロウスト中佐や
ワイルズらは
労働権・
社会保険制度・
義務教育の無償・
児童の医療費の
無料化・
学問の自由の強調
等々の条文を
作成した
2月7日
各委員会が
つくった条文が
提出されると

運営委員会による
チェックが入った
長過ぎる

＊原案の条文は西修『日本国憲法の誕生を検証する』より。

だいたい
きみたちの
グループは
憲法としては
くわしくふれ過ぎている
特に
シロタさん
憲法は
基本的権利だけを
明記すれば
よろしい
あなたのは
法令であって
長文過ぎます
しかし
最近の
ヨーロッパ諸国には
くわしい規定の憲法が
広く見られますが
これまで
人権の歴史を
ほとんど
持ってこなかった
日本では
憲法に
くわしく書いておく
ということは
必要では
ないでしょうか
運営委員会との
討議《ディスカッション》の場では
各自が
「これだけは絶対重要」
と思われる事項について
理由を説明するのだった

ロウストさんやワイルズさんは女性の権利に理解を示してくれましたが
ケーディスさんは違いました
後になってチャールズ・ケーディスもその時の感想を述べた
ケーディス（87歳）
ロウスト氏やワイルズ氏は若い女性に強く言うことを遠慮しているように見うけられました
けれど わたしはそういうことも必要であると思っていました
それに
この女性の出産や何やらのパート
こうしたことはアメリカの憲法にもない
これこそ民法の分野で取り扱われるべきでしょう
ベアテは
きっと民法を書くのは日本の官僚的な男性になるだろうから女性に有利な法律などとても取り上げてもらえないだろうと思っていた
わたしは戦前の日本に10年間住んでいました

その頃の日本の女性は法律的にはほとんど無力でした
それは長い間に因襲となって人々の心の中に固定されています
日本の民法を書く人達が女性のことを考えてくれるとは思えません
わたしは言いながらとても心が痛んでみんなの前で泣き出してしまいました
若かったのですね
でも 真剣に女性の権利を憲法の中に入れたいと思っていたものですから

ベアテ・シロタの
つくった原案のうち
第18条だけが
最終的に
GHQの憲法草案の
中に残った

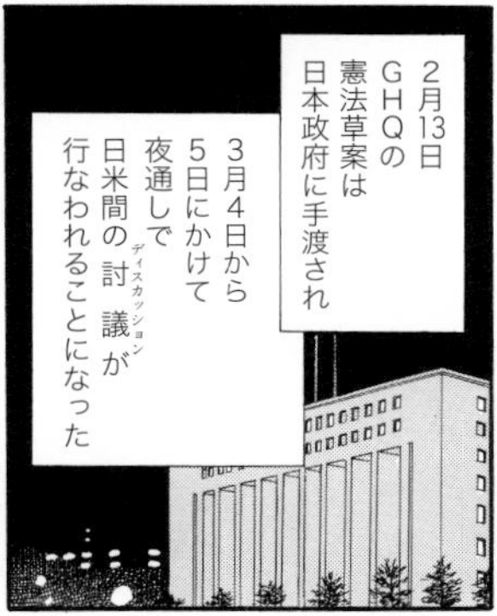
2月13日
GHQの
憲法草案は
日本政府に手渡され
3月4日から
5日にかけて
夜通しで
日米間の討議《ディスカッション》が
行なわれることになった

ベアテ・シロタの
つくった
原案・第18条は
次のように
シンプルな形に
まとめられていた
婚姻は、
両性の合意のみに基いて成立し、
夫婦が同等の権利を有することを
基本として、相互の協力により
維持されなければならない。
配偶者の選択、財産権、相続、
住居の選定、離婚並びに婚姻
及び家族に関する
その他の事項に関しては、法律は、
個人の尊厳と両性の本質的平等に
立脚して、制定されなければならない。
(現・日本国憲法第24条)

1946年(昭和21年)
2月12日
GHQ民政局で清書された
日本国憲法の草案(下書き)は
2月13日
民政局長のホイットニーから
日本政府に手渡された
松本国務大臣
場所は
当時の外務省が
置かれていた
大きな日本屋敷だった

あなたがたが2月8日にGHQに提出された憲法改正案は自由と民主主義の文書としては最高司令官(マッカーサー)が全く受け入れることができないものです
最高司令官は日本の情勢が必要としている諸原理を具現すべきものとしてこの草案をあなたがたに示すようわたしに命じました
とりあえずご覧になって下さい
15部ほどのコピーも渡します
戦争前の明治憲法を超えていない草案を提出していた政府にとって
政治上の権限のない天皇戦争の放棄主権在民などの民政局案は驚くべきものであったに違いない

ただちに首相に相談の結果
2月18日に
「憲法改正案説明補充」
として
先の政府案の再説明書を
民政局に提出した
すっ……
これは
前の案の
繰り返しです
こんなことに
時間をかけて
いたなんて
とても信じられません
我々が示した案を
原則的に
受け入れるかどうか
48時間以内に
答えを出して
下さい
日本政府は
会議の結果
GHQ案を
受け入れ
GHQ草案に
旧憲法を調整した
草案を
作る作業にかかった
3月4日
松本国務大臣
佐藤法制局第一部長らが
作り直した草案を持って
GHQ本部を
訪れた

憲法改正案の
最後の詰めが
3月4日から
5日にかけて
日本側と
民政局側で
夜を徹して
討議される
こととなった

ベアテ・シロタは
通訳の1人として
この席に参加していた

民政局側は憲法草案制定会議の運営委員会の人達が出席しました
実際に原案を作成した委員達は出席できなかったのですが
わたしは日本語がわかるということで通訳の1人として参加できたのです
上かね?
お早くどうぞ
ケーディス陸軍大佐

?
サ
サッ…
よォー
ルース君
このところどうもシロタさんはわたしを避けているようだが
嫌われているのかな?

若い女の子を泣かせちゃったんですもの
あたりまえですわ
ふーん
そんなものかね
まず日本側が持参した草案の翻訳の作業が別室で開始された

では まず
第一章
天皇《エンペラー》の項に
ついてだが
ごくっ……
全体を通して
一番時間のかかった
のが この章だった
という
戦後生まれの
わたし達は
戦前の天皇崇拝の実際を
祖父母や両親から漏れ聞くか
戦前を題材にした
映画や小説から
具体的に知ることがある
たとえば
小学生が授業として
歴代天皇の名前を
暗記させられたり
小学校に
天皇の写真が
飾ってある部屋があり
成績の良い生徒だけが
その部屋の掃除を許されて
いたり……とか
盡忠報國

こうした
天皇崇拝の源の
明治憲法では
国民は天皇の〝臣民〟(家来)
と規定されていて
等しく天皇の〝赤子〟(乳飲み子)
として教育されていた
昭和天皇が亡くなった時
60代と思われる
年配の方々の幾人かが
父親が
亡くなったように
さみしい
──と
感想を述べていたのを
耳にした時
人間の情緒にまで
浸透する教育
というものを
改めて考えさせられた
ものだった
最初
日本政府が
考えていた
新憲法は
憲法改正調査會の試案
立憲君主主義を確立
國民に勤勞の權利義務
こうした
神格化した
天皇の権限を
随処に
残したものだった
民政局案を基に
訂正してきた
といっても
その意識は
簡単には
変わらず
討議が長びくのは
当然予想された
ことであった

民政局側は
曖昧な日本語の
一字一句にまで
言及した
これでは
話にならない
あなたたちは
日本語まで
わたし達に
教え直す
つもり
なのですか
松本国務大臣は
席を立って
帰ってしまった
もしもし
書記官の
岩倉くん
ですか?
大臣が帰宅
されてしまいました
すぐ戻って来て
下さいと
伝えて下さい
ホイットニー局長は
今晩中に確定案を
作るよう
要請していますので
帰宅した大臣は
伝言を聞いても
戻らなかった
今から
戻ると
血圧が高くて
倒れてしまう
あとは
よろしく
頼むと
言っておいてくれ
こうして
さらに
討議は
続けられた

天皇の章が終わると戦争放棄の章がありました
ここでも議論が続きたくさんの時間が費やされました
チッ…チッ…チッ…チッ…
チッ…チッ…チッ…チッ…
その間トイレに行く以外は部屋を出ることを許されず
食事も缶詰で簡単にすませる――といった具合だった

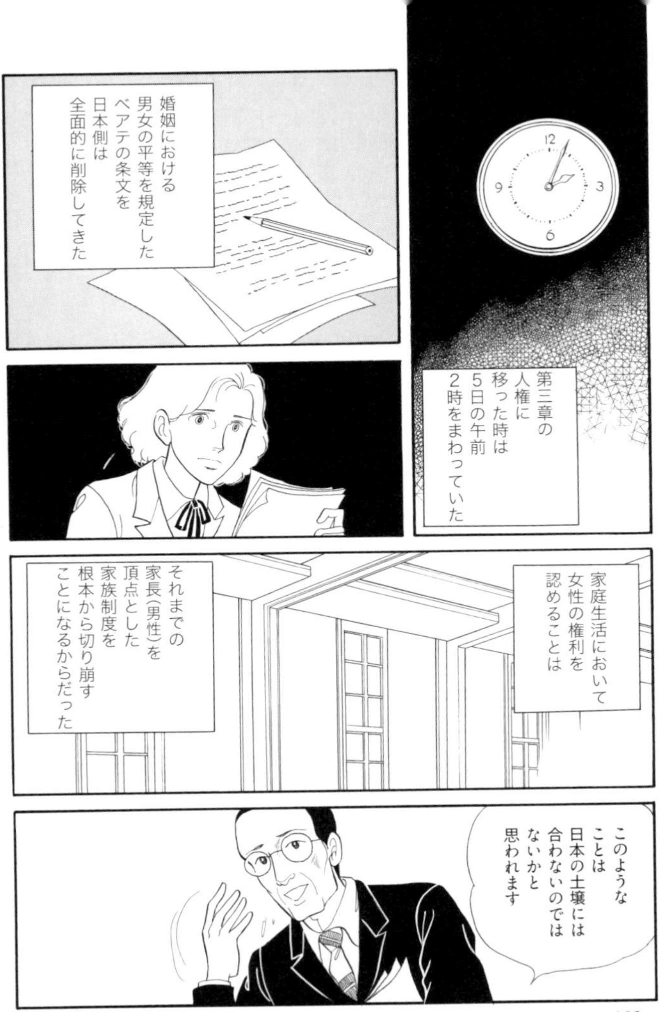
第三章の
人権に
移った時は
5日の午前
2時をまわっていた
婚姻における
男女の平等を規定した
ベアテの条文を
日本側は
全面的に削除してきた
家庭生活において
女性の権利を
認めることは
それまでの
家長(男性)を
頂点とした
家族制度を
根本から切り崩す
ことになるからだった
このような
ことは
日本の土壌には
合わないのでは
ないかと
思われます

我が国には家族制度の長い歴史があり
それによって国家もまた維持されてきたのです
ぶつぶつ…
そもそも男性と女性が平等といわれても……
最初ベアテはアメリカ側の通訳として参加していたのだったが
論議が進むにつれて迅速かつ正確な翻訳が次第に認められ日本側の通訳も手助けするようになっていた
わたしは日本側の人々に良い印象を持たれていたと思います
議論が滞《とどこお》った時それを見てとったケーディスさんが突然 言い出しました
皆さん

この条文の原案は
ここにいらっしゃる
シロタさんが
確固たる
信念を持って
作ったのです
彼女は
女性の権利に
生命を
かけています
彼女を
悲しませずに
この条文を
パス(通過)
させましょう

人々はそれまでの長時間の議論・議論に疲れていたのかもしれませんね
ケーディスさんのそのひとことで「それではパス(通過)」ということになりました
こほん…

その後
国会・司法・行政の
章へと移り
討議の全てが終わったのは
3月5日の午後4時頃だった
合意を見た確定草案は
（ほぼ現在の憲法の形に近い）
GHQの命令により
日本政府の案として
3月6日に発表され
翌7日の
新聞に載った
毎日新聞
憲法改正草案發
天皇は國民統合の象徴
永久に戰爭を抛棄
貫ぬく主權在民の思想
憲法改正草案要綱
政治機能なし
国民は
2月1日の
政府案報道以来
憲法改正の動向は
何ひとつ知らされて
いなかったので
関心を持っていた人々は
この日発表された
草案の斬新さに
目を見張った

「おそらく全ての人が驚かされたであろう
あまりに思い切った改正案であることに
大部分の人は内容そのものに驚かされたに違いない
かように徹底した改正を考えていなかったであろう
しかし内容そのものには驚かない人も
つまりこれ位の改正は当然であると考えていた人も
さらには なおいっそう徹底的に改正すべきだと考えている人すらも
現在の政府がこのように思い切った改正案を発表しようとは思わなかったであろう」
横田喜三郎
（法学博士・国際法学者）
各政党はそれぞれの主義主張に従って賛同・反対・懸念批判を展開したが
大變革
憲法改正案・各黨の批判
ポツダム宣言履行に忠實
多すぎる大権事項
当時の新聞を見るとおおむね人々に好感を持って迎えられたと見てよいと思われる

その年の
4月10日
戦後初の
総選挙が
行なわれ
39名の
女性議員が
誕生した

議員総数466名
のうちの39名だが
(つまり残りは男性)
婦人参政権を得て
初めての
しかも
圧倒的多数の
男性立候補者を
押しのけての
当選なのだから
これは快挙と
いえるだろう
すごいわ
39名の
女性議員
だなんて
アメリカにも
こんな例は
ないわ
当時は現在と違って
大選挙区制を
とっていた
大きなところ以外は
一都道府県が一区
東京都
東京都 一区 定員10名
東京都 二区 定員12名
それゆえ
一区内の
立候補者も
当選者も多く
有権者は
一枚の投票用紙に
2名あるいは
3名の名前を書く
連記制が
採用されていた
※定員10名以上は
3名記入
連記制

婦人参政権によって
初めて立候補する
女性候補に
初めて投票権を得た
女性達が
2名あるいは
3名の名を書く時に
1名は女性の名前を
書きたいと思ったであろう
ことは 容易に想像できる
また
投票に不慣れな
女性有権者が
「女性は女性に
投票するもの」と
勘違いしたための
大量女性議員誕生
との説もある
終戦後1年も
経過していない当時
最悪の食糧事情の中で
台所を預かる女性が
同じ女性に
この食糧難を
どうにかしてほしいと
希望を託したとしても
これもまた
ごく自然のことと
思われる
女性は女性に投票を！
女性候補といってもいろいろです
——と
女性有識者達の意見が
選挙前に飛びかっていた

総選挙後
憲法改正草案は
新しく当選した
女性議員3名を含む
「憲法改正案特別委員会」で
審議された
当然のことながら
ある条項を
まったく認められない
――といった意見も
多く出た
婚姻における
男女平等もまた
そうした反対意見に
あった
両性は
本質的に平等で
あるかどうか
古来様々な
観点がありまして
たとえば カント派の
倫理学者などは
次のように
述べております

女性というものは性的生活を生活の中心に置いており
性的に堕落すれば全人格的にも品位を落とすことになってしまいます
一方で男性は性的生活というのは第二次的なもので性的に多少汚点がついても人格的には品位を落とすことはないのです
プッ
そう思っているのは男性だけよね
ボソ……
ボソ……
たとえばかの伊藤博文公爵は
貞節を守ることに強くはなかったわけですが
人格的には偉大な人物と評価されています
プーーッ

一方
もし女性が
性関係で
常識を
はずれれば
人格的に
品位が
落ちてしまう
わけです
この観点から
男性と女性は
本質的に
相違が
あることに
なります
――以上！
クス
クス…
クス…
クス…
クス

10月7日
草案は国会を通過

ベアテ・シロタと
人権委員会起草の
性による差別を禁止した
第14条と
第24条は
39名の女性議員達の
圧倒的な支持があった

第十四条
すべて国民は、法の下に
平等であつて、
人種、信条、性別、
社会的身分又は門地により、
政治的、経済的又は
社会的関係において、
差別されない。

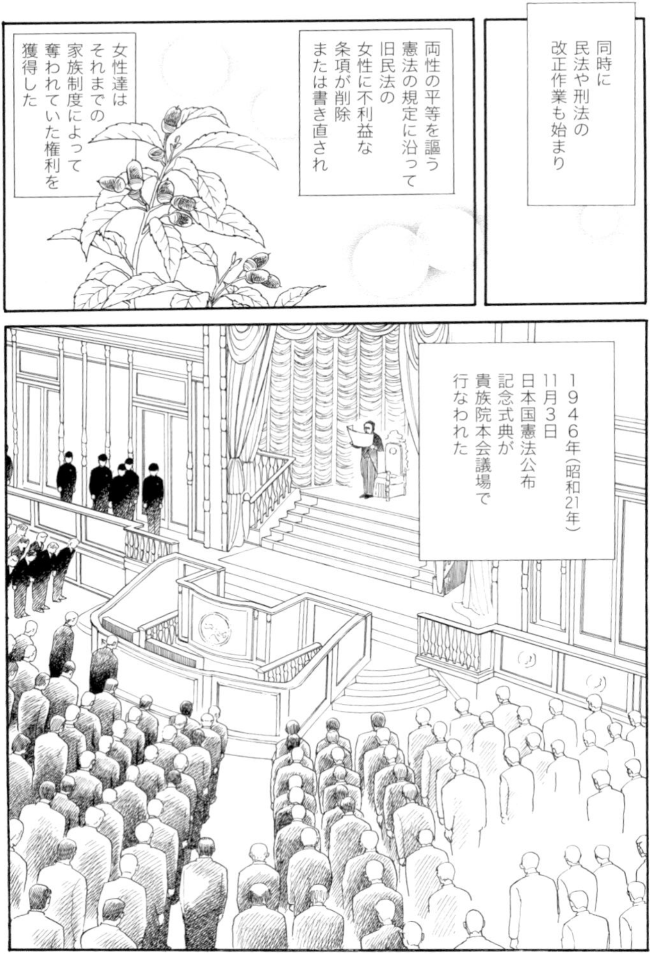
同時に民法や刑法の改正作業も始まり
両性の平等を謳う憲法の規定に沿って旧民法の女性に不利益な条項が削除または書き直され
女性達はそれまでの家族制度によって奪われていた権利を獲得した
1946年(昭和21年)11月3日日本国憲法公布記念式典が貴族院本会議場で行なわれた

女性議員たちの
和服の華やかさは
それまでの会議場には
見られなかったものだった
本日
日本国憲法を
公布せしめた
この憲法は
国家再建の基礎を
人類普遍の原理に求め
自由に表明された
国民の総意によって
確定されたのである

2階招待席では連合国軍高級将校とその夫人達に混じって民政局員達が式典を傍聴していたが
式場を埋めた議員達のほとんどは彼らの存在が何を意味するのかを知らなかった
朕は国民と共に全力をあげ相携えてこの憲法を正しく運用し
節度と責任とを重んじ
自由と平和とを愛する文化国家を建設するように努めたいと思う

後になって
吉田首相から
草案に関わった
民政局員達に
記念品が
送られてきた
それは
銀の盃《さかずき》で
菊の花の紋が
ついていました
民主憲法の
記念なのに
おかしいな と
わたしは思いました
憲法公布から
6カ月後
1947年(昭和22年)
5月3日
日本国憲法施行
(法律の効力を
現実に発生させた)
日比谷公会堂で
開かれた
新憲法祝賀会に
出席した
最初の女性議員
の1人
加藤シヅエは
その時の感慨を
著作で述べている

「わたしはこの日皇居のお堀端を歩いていました」
「青い芽をふいた柳の枝が風になびいてまるで女の人が身をもんで悲しんでいるような感じに見えました」

「戦前の女の人は旧憲法の下で毎日こうして泣いていたんだ」
「でも今日からは男と同じ人権が与えられてもう泣かずにすむんだなあとしみじみ喜びをかみしめました」
国民全体としては憲法問題といえば象徴天皇と戦争放棄だと思った人も多かったと思います
けれどわたしたち日本の人口の半分を占める女性や
残り半分のうち権力を持たない大多数の男性は
新憲法の基本的人権福祉女性の権利
といった条項によって救われたんだと思います

「新しい憲法を
厚い雨雲が切れて
その隙間から
太陽の光が差し込んだ
――ような」
「そういうふうに
受けとめた方が
多かったと思います」

ベアテ・シロタは
憲法草案作成後も
一調査専門官として
民政局に勤務した

その後
彼女が手がけたのは
毎日新聞
侵略支持者に追放令
國體、個人を問はず
主に
戦争責任者の
公職リストの作成や
戦後結成された政党の
調査・報告だった
この政党には
女性党員が
まったくおらず
パシャッ
パシャ
パシャ
そのため
女性のための
政策も
皆無である
また
日本政府から
女性と政治に関する
情報を常に収集し
新憲法が
施行された年の
同じ5月
最新情報を
上層部に提供する
仕事を受け持ち
アメリカへ
戻った

翌年
GHQ本部で
同僚だった
翻訳官の
ゴードン少尉と結婚
1948年には
ニューヨーク日本協会の
学生交流委員会の
ディレクターになり
日本を紹介する
文化活動を行ないながら
日本人学生や在米邦人に
惜しみなく助力を差し伸べた
彼女にとって
日本は
やはり
特別な国
だったのだ

1952年市川房枝がアメリカ女性の状況視察に訪米した時には通訳・ガイドとして働いた
当時わたし達はアイゼンハワー大統領の奥さんに面会を申し込んだのです
ところが奥さんはダメで大統領ならお会いする――という話に
2人ともガッカリしていました
当時大統領に会うというのは報道の人たちにとって至難の技だったのです
アイゼンハワーはあんまり賢くないってウワサよ!
それなのにわたし達ときたら奥さんに会いたかったものですから
大統領に会えるというのにとてもガッカリしてしまったのです
軍人出身のアイゼンハワーは
伝え聞いていたほど武骨な人柄ではなく知識も教養もあり
訪れた2人の女性に心を許して政策等を語ったという

わたしの母校のミルズ・カレッジにも講演に行きましたが
学長が男性に替わっていて以前のような進歩的なカリキュラムもなくなり学生は保守的になっていました
そーだね…
トップに女性を配するということは
女性を活性化させるということですね
1950年代に入って日本国憲法の制定過程にGHQが大きく関与していた事実が日本国内でも広く知られるようになり
「占領軍の押しつけ憲法」論が保守派の政党から台頭した

ベアテは
沈黙を守った
当時の
憲法を変えたい
という動きは
旧憲法に近い形に
引き戻そうという
動きのように
見えました
そういう
人達の中には
憲法の不備を
指摘しようと
「こんな
若い女性が
書いていた」
と言いだす人も
いたのです
利用されると
憲法が困ると思い
インタビューも
みんな断わり
ました
来日も
1965年まで
控えた
日本の旧友の多くも
ごく最近まで
彼女が
憲法草案に
関わっていた1人で
あることを
知らなかった——という

シロタ・ゴードンさん
草案起草の仕事をふり返ってみて現在はどう思われますか？
日本の若い研究者横田啓子に尋ねられベアテはこう答えている
そうですね
当時任務についていた民政局の人達はわたしを含めて
日本を民主化するという強い使命感を持ち本当に熱心に新憲法草案に取り組みました
草案は全体としては個人の仕事ではなく委員会の仕事です
でも女性でなければあの24条の原案は生まれなかったと思います
そしてもし わたしが日本に住んだことのある女性でなかったとしたら
日本の女性の権利についてあれだけの努力をしたとは思えないのです

短い期間でしたが
本当に興奮に充ちた素晴らしいやり甲斐のある仕事でした

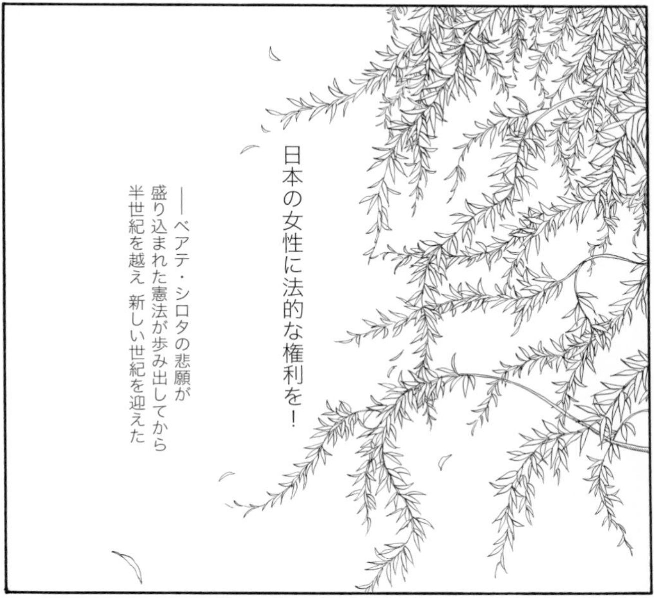
日本の女性に法的な権利を！
―ベアテ・シロタの悲願が盛り込まれた憲法が歩み出してから半世紀を越え　新しい世紀を迎えた

人権の違憲判決の例として
非嫡出子として生まれたT子さんが民法の遺産分割規定を（非嫡出子は嫡出子の½）違憲として訴え
1993年東京高裁において「法の下の平等を定めた憲法14条に違反し（遺産分割は）無効」との判決が示された
最高裁大法廷では10対5で合憲判断が下されたが近年の法制審議会では非嫡出子の相続分を嫡出子と同等とする旨の改正が提案されている＊
1985年 男女雇用機会均等法 1997年 均等法改正 セクシュアル・ハラスメントに事業主の配慮義務 1999年 男女共同参画社会基本法 2001年 DV防止法——
男女平等・性差別禁止の憲法を背景に女性の人権を保障する法律が近年次々と制定されている

＊2013年に民法が改正され、同等となった。

2000年5月2日
参議院の
憲法審査会で
当時の保守党
女性党首が
憲法施行後
日本女性の
良いところが
失われました
——と
発言したという
戦前のような
女性に
参政権のない
法の下では
彼女は
党首はおろか
議員にさえ
なることが
できなかった
というのに
次の日の民間の
憲法を考える会で
女性たちは
憲法を
後ろ盾にして
具体的な問題を
闘ってきました
数々の
セクシュアル・
ハラスメント裁判で
女性側の勝利を
勝ち取ってきた
角田由紀子弁護士は
述べている
女性の権利を
憲法に書きこんで
くれたのは
アメリカ人の
若い女性でした
はじめから
日本の女性の権利は
国際的な連帯の
ひろがりの中に
あったと思います

「わたしは
あとから来る
女性たち
そしてもちろん
男性たちにも
より人間らしい生が
実現できるよう
そういう社会を
手渡していきたいと
今日あらためて
思っています」

あとがき

一九九三年の二月のことです。

偶然テレビで、終戦後の日本国憲法草案のドキュメンタリー番組を観ました。その番組で一人の若い女性、ベアテ・シロタ・ゴードンさん（一九二三―二〇一二）が憲法二四条に関わっていたことを初めて知りました。

戦後生まれのわたしにとっては、現在の憲法は、なんというか、もうすでに出来上がった形としてあったわけなのですが、番組を観て「憲法は人間が作ったもの」ということが、ストンと胸に落ちました。

少女時代をご両親と日本で過ごしたというベアテさんのことも、一人の人間によって重要なことが動くことがあるという事実に、興味を持ちました。でもテレビ放映は一度きりですから、見逃した人もいるかもしれない、もしマンガという形を取れたら何度でも見ることができるのに――と、番組を観た後、マンガで描くことを考えました。

まだベアテさんの著書（『一九四五年のクリスマス――日本国憲法に「男女平等」を書いた女性の自伝』）も、映画（『ベアテの贈りもの』）もなかった頃です。ましてや現在のように、個人が簡単に映像アーカイブにアクセスできる時代ではありませんでした。その時点でわかっていたのは先のテレビ番組での情報のみ。マンガで描くといっても、まるで雲を掴むような状態です。

取り敢えず憲法制定の資料などを捜していると、程なくして、都内の女性グループが先のテレビ番組の再上映会を準備していることを知りました。やはり同じような思いの人たちがいたのですね。上映会に出かけて、ちょうど来日中だった横田啓子さんという、シアトル在住でベアテさんをインタビューされたことのある方にお会いし、いろいろと貴重な資料をお借りすることができました。女性グループと横田さんにお会いしなければ、マンガ化はもっと困難を極めたと思います。

マンガはその年の終わりから三カ月の連載でしたが、その後今までに二度、まとまった形になっています。

一度目は一九九六年の雑誌で総集編として、二〇〇五年には単行本として刊行されました。そして今回三度目は文庫本になりました。

それぞれに編集者として関わって下さった、坂本晃さん、谷口ちかさん、石黒多恵さん、藤田紀子さん、ありがとうございました。

ベアテさんはご著書刊行後は何度も来日され、各地で精力的に憲法草案時の様子を講演されました。ベアテさんご本人の豊かなエピソードは、マンガではほんの少ししか描けませんでした。

でも、このマンガでベアテさんと二四条のことを初めて知るかもしれない若い人たちに、個人よりも家や家族が重んじられ、女性が男性と平等であるという法律が無かった時代、女性に選挙権が無かった時代が昔あり、憲法がそれらを変えてきたことを今一度知ってもらえたら、と思います。

樹村みのり

二〇二〇年七月

解説

田嶋陽子

戦前の家父長制社会の日本では、女性差別が横行闊歩していた。明治、大正そして戦前の昭和にも、綺羅星のように魅力的な女性解放活動家が活躍したが、一般女性たちの生活を変えるまでには至らなかった。

戦後、この『冬の蕾』の主人公ベアテ・シロタさんの功績と言っていい憲法一四条と二四条のおかげで、男女平等の精神が謳われ、女性一人ひとりの自由と人権が重んじられ、あらゆる分野において性差別の撤廃を目指すフェミニズム運動が起きた。例えば、女性が職場で男性と対等に扱われること、政治や意思決定に女性が参画すること、家族や恋人の関係が男女対等であることなどである。

そして一九八〇年代には「女性の時代」と謳われ、一九八五年には男女雇用機会均等法が制定され、国連の女子差別撤廃条約も批准された。この条約では固定的な性別役割分業の撤廃が理念とされていた。

ところが、一九六〇—七〇年代の高度経済成長期に、日本政府と企業は戦後の復興に全力を挙げるなか、何よりも経済を優先し、そのために、撤廃するはずの性別役割分業を夫婦間に利用していた。まさに『性の政治学』(ケイト・ミレット著)である。マスコミをはじめあらゆる媒体が「女の幸せは結婚」「男は仕事、女は家庭」と唱え、世論を形成していた。西洋の先進国にはない配偶者控除まで設けた。これは妻の収入が年間一〇三万円以下なら、妻の所得税と、年金と健康保険の掛け金を払わなくていいという制度で、それによって夫を優遇した。夫は家事育児、介護その他すべてを妻に任せ、その分、二倍働いた。こうして政府と企業は性別役割分業を目いっぱい利用して、日本は世界第二位の経済大国にのし上がったのだ。

ところで「一〇三万円の壁」と言われているように、その金額では女性の経済的な自立は不可能に近い。本書に収録されている「今日の一日《ひとひ》の幸《さち》」で、妻は将来資格を取って働きたいのに、「今のお給料が配偶者控除枠の範囲ギリギリだから、資格を取っても給料が上がっても税金や保険料を払って実際に受け取る額はかえって低くなるかもしれない」「配偶者控除枠って主婦はいつまでも主婦のままでいなさい…って言っているみたいね」と言っているように、配偶者控除とは、妻は生かさず殺さず、妻の収入は家計を助けておわりという、実に巧妙な税制度である。日本の民法では夫婦別産制なので、妻がタダ働きで一切の家事、育児、介護をこなしたおかげで稼げた夫の収入は、全て夫の資産となる。

主婦の家事労働は不払い労働とも言われ、当時の経済企画庁の試算によると、専業主婦の家事労働代は月二五万円(一九九八年)、家族の介護代は月二一万円(一九九七年)と公表された。夫の給料は会社から出るが、妻には誰が支払うのか。夫か？　会社か？　それとも？　この問題は未解決のままである。

日本の不払い労働のうち八五％は女性が行っている。日本のＧＤＰが約五〇〇兆円だとしたら、女性の不払い労働はＧＤＰの五分の一、約一〇〇兆円に相当する。なんという無駄を！

ところで、日本には「男らしさ」「女らしさ」という社会規範があって、大方の日本人はこの社会規範からはみ出さないように生きている。でも、少なくとも女性は、もうこの規範にこだわらないほうがいい。自分のためにも社会のためにも。いい意味での「男らしさ」を生きた男性はまともな人間になれるが、まじめに「女らしさ」を生きた女性は独立独歩の人間に育ちにくく、そうなりたいという意志さえ持てない人になりがちだ。そこに目を付けて専業主婦制度ができた。女らしく育った人は、ボーヴォワールの言う『第二の性』、すなわち亜人間にされ、ブノワット・グルーの言う男の『最後の植民地』にされる。まさに「専業主婦」なるものがそれに相当する。

こうして日本の社会は女性を二級市民にし、最後の植民地にして経済の発展を遂げてきたが、もうそのやり方は日本の憲法にも世界の風潮にも合わない。

また男女の性別役割分業は会社で働く女性の差別にもつながった。会社は、既婚女性の出産退職または介護退職を見込んで、男性には基幹的な大事な仕事を、女性には周辺的な補助仕事を割り当てた。その雇用慣行が定着すると、女性の給料はいつまでも男性の六〇%から七〇%弱にとどまることになった。また女性は社内での研修や配置転換、昇進から排除され、その結果、管理職に就く女性の数は、一割程度にとどまっている。男性を、主な稼ぎ手の扶養者に、女性を、いつ辞めてもいい被扶養者、それゆえ周辺労働者と位置づけることで、シングルの女性や、寡婦、離婚者が、経済上大きな不利益を被ってしまう。

高齢単身女性の貧困化も問題にされて久しい。なかでも離別女性の貧困は厳しく、二〇一一年版の男女共同参画白書によると、三人に一人が年収一二〇万円未満で生活している。また、高齢単身女性の二人に一人が生活保護の水準を下回る収入で暮らしているという報告もある(立命館大学唐鎌直義教授による。西日本新聞二〇一七年九月一五日)。これも、出産、子育て、介護などの家庭責任を女性が一手に背負うことによる収入の途中断絶や不安定性と無関係ではない。

また、例えば、子どもが交通事故で亡くなった場合、大人の男女間に給料の差があることを理由に死亡保険金に差がつけられた。これはつまり、子どもの命の値段にも男女で差があるということである。この男女間の格差はあらゆるところに問題を投げかけている。
大化の改新以降、一四〇〇年かけて男たちは、父系制度と父権制度を完成させた。大化の改新以前は母系制で、女性は母方の家や財産を相続できたのに、近代には男社会の都合に合わせて「産めよ増やせよ」の出産要員にされ、「穴と袋」にまで貶《おとし》められた。また父系性社会では父系の「血筋」を重んじ、誰の子か明らかにしたいがために、女性に「処女」と「貞操」を押しつけて、性的自由を奪い、女から生まれた子どもには男の家名を付けた。戦前の女性がどれだけ無権利状態にあったかが、『冬の蕾』でも描かれている。江戸時代には「女三界《さんがい》に家無し」とまで言われた女性が、遅い歩みではあるけれど、今この二〇二〇年、働き続ければ、自分の力で自分の家が買えるようになった。もう夫に「出ていけ」などと罵声を浴びせられなくていい。食べるために結婚する必要もない。そして、未婚の母になってもいざという時には行政に助けを求めることもできる。
結婚退職しないで、または、未婚のまま働き続けた大卒女性の生涯賃金は、二億六〇〇〇万円。出産退職後に、就業調整しながらパートで働くと、生涯賃金は六〇〇〇万円。その差額は二億である(二〇一七年ニッセイ基礎研究所)。
また、単身女性の持ち家率全国平均は六八・一%である(ちなみに男性は五一・九%。総務省統計局二〇一五年)。まさに一四〇〇年前の母系制社会に舞戻りつつある感じさえする。
家父長制がなくなり男女対等になったら、制度としての結婚は不必要になる。「花子さんの見た未来?」のように、税金、年金、保険が個人単位になり、扶養家族という言葉がなくなり、子どもや老人には国から補助が出る。保育士さんや介護士さんなど人間にサービスする職業が大事にされる社会になる。
OECDによると、二〇一七年時点で日本の高等教育修了率はOECDの中でもトップグループ(第二位)で、しかも男性より女性のほうが高いのに(男性五九%、女性六二%)、就業率は、男性八二・九%、女性六七・四%である。日本の女性の賃金は、相変わらず男性の七五%弱。OECDは「日本は女性という資源を無駄使いしている」と、女性の活用を促している。
逆から言うと、日本がいつまでも男性優位社会に胡坐《あぐら》をかき、国民の半分を占める女性の活用をないがしろにしていると、この低迷する経済成長から脱することは永遠に不可能だと述べているに等しい。かつて世界経済フォーラムの報告書(二〇〇八年)はこう言った、「二〇一〇年までに女性の就労率を七五・三%に上げれば年金の支払い維持が可能」と。もちろん日本政府は無視してきたのだ。
現在、共働き家庭は、専業主婦家庭の二倍になった。結婚しても働き続ける女性が増える一方、その女性たちに新たな不公平感がでてきている。「家事も育児もやり、職場では家を主婦に任せられる男性と同じ土俵で競争するなんてうんざり」(北海道新聞二〇二〇年七月七日)。会社での仕事の他に家事、育児、介護が、まだ大方女性の双肩にかかり、女性は大変な思いをしている。

政府は「すべての女性が輝く社会」と調子のいいことを言うが、待機児童問題一つともに解決していない。国連からの度重なる勧告にもかかわらず、選択的夫婦別姓制度の導入は無視したまま。女性の側の準備は着々と進んでいるのに、政府は国民の要求に応えていないのだ。

世界経済フォーラムが毎年ジェンダーギャップ指数(男女平等指数)を出している。日本は毎年、先進国の中では最下位で、しかも毎年順位を下げている。二〇一九年は一五三カ国の中一二一位だった。理由の一つは女性の管理職や指導者の絶対数を増やしていないことにある。一人二人の女性の国会議員が日本の政治を変えるのは大変だが、女性の数が三〇%以上になれば、クオリティが変わる。これからの人間とその生活を大事にする福祉社会では、あらゆる分野において女性と女性指導者が必要である。今回の新型コロナウイルス禍に限っても、早々に対策を取ってコロナを収束させ、たちまち経済を復活させたのは、トップが女性の国ばかり。ニュージーランドのアーダーン首相はじめ、ドイツのメルケル首相、台湾の蔡総統、それにスウェーデン(男性首相)を除いた北欧のノルウェー、フィンランド、アイスランド、デンマークなどの女性リーダーたちである。

日本の女性は経済自立を果たしつつある。次のステップは自分の能力を高め、その力を思う存分、自分のために、社会のために発揮することである。日本の政治と社会がそれにふさわしい体制を少しでも早く整えれば、日本全体がより豊かな、幸せな国になっていくはずである。それはベアテ・シロタさんの願いでもあるだろう。

（二〇一〇年七月一三日記）

（たじま　ようこ・英文学、女性学研究者）

参考資料

横田啓子「私はこうして女性の権利条項を起草した」『世界』一九九三年六月号
鈴木裕子『女性史を拓く』全五巻、未来社、一九八九―九九年
加藤シヅエ『ある女性政治家の半生』ＰＨＰ研究所、一九八一年
大久保一徳・後藤安子『女性と法』法律文化社、一九九〇年
金森トシエ『人物婦人運動史――明治・大正・昭和のあゆみ』労働教育センター、一九八〇年
西修『日本国憲法の誕生を検証する』学陽書房、一九八六年
同『ドキュメント日本国憲法』三修社、一九八六年
古関彰一『新憲法の誕生』中公文庫、一九九五年
角田由紀子『性差別と暴力』有斐閣選書、二〇〇一年
ベアテ・シロタ・ゴードン『一九四五年のクリスマス――日本国憲法に「男女平等」を書いた女性の自伝』柏書房、一九九五年
Beate Sirota Gordon, *The Only Woman in the Room: A Memoir*, Kodansha International, 1997
袖井林二郎・福島鋳郎編『マッカーサー――記録・戦後日本の原点』日本放送出版協会、一九八二年
『一億人の昭和史』3―6、毎日新聞社、一九七五―七六年

『日本国憲法を生んだ密室の九日間』鈴木昭典製作、ドキュメンタリー工房(現・ドキュメンタリー新社)、一九九三年
『私は男女平等を憲法に書いた』同、一九九四年
『ベアテの贈りもの』藤原智子監督、二〇〇四年

本書は二〇〇五年七月、労働大学出版センターより刊行された。
岩波現代文庫化にあたり、『女性学・男性学』(有斐閣アルマ、二〇〇二年)に掲載の「あなたとわたし」「花子さんの見た未来?」「今日の一日の幸」を加えた。

岩波現代文庫[文芸]

B328

冬の蕾

—ベアテ・シロタと女性の権利—

樹村みのり

無権利状態にあった日本の女性に、男女平等条項という「蕾」をもたらしたベアテ・シロタの生涯をたどる。〈解説〉田嶋陽子

2020.10

B323
可能性としての戦後以後
加藤典洋

戦後の思想空間の歪みと分裂を批判的に解体し大反響を呼んできた著者の、戦後的思考の更新と新たな構築への意欲を刻んだ評論集。〈解説〉大澤真幸

B324
メメント・モリ
原田宗典

死の淵より舞い戻り、火宅の人たる自身の半生を小説的真実として描き切った渾身の作。懊悩の果てに光り輝く魂の遍歴。

B325
遠い声
―管野須賀子―
瀬戸内寂聴

大逆事件により死刑に処せられた管野須賀子。享年二九歳。死を目前に胸中に去来する、恋と革命に生きた波乱の生涯。渾身の長編伝記小説。〈解説〉栗原 康

B326
一〇一年目の孤独
―希望の場所を求めて―
高橋源一郎

「弱さ」から世界を見る。生きるという営みの中に何が起きているのか。著者初のルポルタージュ。文庫版のための長いあとがき付き。

B327
石の肺
―僕のアスベスト履歴書―
佐伯一麦

電気工時代の体験と職人仲間の肉声を交えアスベスト禍の実態と被害者の苦しみを記録した傑作ノンフィクション。〈解説〉武田砂鉄

2020.10

岩波現代文庫創刊二〇年に際して

二一世紀が始まってからすでに二〇年が経とうとしています。この間のグローバル化の急激な進行は世界のあり方を大きく変えました。世界規模で経済や情報の結びつきが強まるとともに、国境を越えた人の移動は日常の光景となり、今やどこに住んでいても、私たちの暮らしは世界中の様々な出来事と無関係ではいられません。しかし、グローバル化の中で否応なくもたらされる「他者」との出会いや交流は、新たな文化や価値観だけではなく、摩擦や衝突、そしてしばしば憎悪までをも生み出しています。グローバル化にともなう副作用は、その恩恵を遥かにこえていると言わざるを得ません。

今私たちに求められているのは、国内、国外にかかわらず、異なる歴史や経験、文化を持つ「他者」と向き合い、よりよい関係を結び直してゆくための想像力、構想力ではないでしょうか。

新世紀の到来を目前にした二〇〇〇年一月に創刊された岩波現代文庫は、この二〇年を通して、哲学や歴史、経済、自然科学から、小説やエッセイ、ルポルタージュにいたるまで幅広いジャンルの書目を刊行してきました。一〇〇〇点を超える書目には、人類が直面してきた様々な課題と、試行錯誤の営みが刻まれています。読書を通した過去の「他者」との出会いから得られる知識や経験は、私たちがよりよい社会を作り上げてゆくために大きな示唆を与えてくれるはずです。

一冊の本が世界を変える大きな力を持つことを信じ、岩波現代文庫はこれからもさらなるラインナップの充実をめざしてゆきます。

（二〇二〇年一月）

冬の蕾——ベアテ・シロタと女性の権利

2020年10月15日　第1刷発行

著　者　樹村《きむら》みのり

発行者　岡本　厚

発行所　株式会社　岩波書店
〒101-8002 東京都千代田区一ツ橋2-5-5
案内 03-5210-4000　営業部 03-5210-4111
https://www.iwanami.co.jp/

印刷・精興社　製本・中永製本

ISBN 978-4-00-602328-7　　Printed in Japan

あなたとわたし

わたし　山本真由子《まゆこ》
華野女子大２年生

学生生活は楽しい
講義もそうだけど
友だちといろいろおしゃべり
できるから
趣味は旅行
そのためにバイトしている

ボーイフレンドは　まだいない

２時限目からの授業の日は
比較的空いた電車に乗れるので　ホッ
「チカン電車」として有名な
○○線が通学電車なのダ

ぼく　佐藤伸二
政経大学２年生
大学は男が圧倒的に多い

登山とカメラが趣味
スキーは１級
サークルは映研
週末はフットサルの
クラブチームで汗を流す

ガールフレンドは　まだいない

授業は真面目に出るほうかな？

…ん〜…ん
…ぱっ!
写真集
ヒ・ミ・ツ
本日発売
……とはいえ
車内での不快は
チカンだけとは限らない
やっぱり ホントに ある〜〜?
うそでしょ〜
信じらんない!!
友だちの長井は
女は可愛いのが
一番!!
……と言う
可愛い……って
別に容姿のことじゃ
ないらしい

こんなポスター貼るの
今時 よく電車会社が
許可したわねー
ベタベタの
セクハラじゃない!
取りはずしたいけど
高すぎて
手が届かないわ
前の男の人に
お願いしてみよう
気持だよ
気持!!
知ってても
知らないフリ
できても
できないフリして
頼ってきてくれる子が
なんたって
可愛いよな――
そういうもんか
なァ……

あの——
ニヤニヤ
ギョッ
ダメだ
こりゃ—
新宿
新宿
よいしょ!
じゃあ　伸二クンは
女性に何を求めてるわけ？
ぼくは
女の子と
友だちになりたい
だけサ……
ん……
ははっ
今度バイト先の
女の子たちに声かけて
合コンやるからさ
とにかく
きみも来いよ！

スリッ
くしゃ くしゃ
ポイッ

＊ これは器物損壊罪になるから，まねしないでね！

映研
開けたら閉めてね！
闇を撃つ
同時上映
サリーちゃん
112番教室
だけど 長井みたいのは
今時は少数派なんじゃ
ないかな
学生映画コンクール
女性差別ってさ
本当は差別が
あったほうが
俺たち男にとって
都合がイイ
わけじゃない？

真由子！
柿沼の心理学休講よ！
あの CM 見た？
デジカメの
あのオヤジと
女の子のね
どしたの？
遅かったのね
うん ちょっと
電車の中でね……
奴隷制度だって
あったほうが
都合のイイ人たちが
いたから
存在したんだぜ
きっと！
100
85
35
小学校の頃を
思い出してみろよ
クラスで一番
成績がいいのは
たいてい女の子
俺より駆け足の
速い女の子も
たくさんいたよ

なんなのよ〜〜
女の子が赤ちゃん抱いているから 最初お父さんと娘と孫のCMかと思ったら
これが「夫婦」っていう設定だというから驚いちゃうわよねー
あ それ わたしもそう思った
まったく もう男って図々しい!
自分のことは棚にあげて
いつまでも若い女の子にモテたいっていう心理がミエミエ
ホントよね 誰が年齢が倍もありそうなオヤジなんか好きになる?
学級会で堂々と意見を言うのも女の子
掃除をサボらないのも女の子 日曜日の飼育係でもちゃんと出てくるのも女の子
近所の遊びだってリーダーシップを発揮していたのは女の子だった
弱いものイジメはダメよ!

……さっきの話だけどね
え？
わたし 女の子が中年に憧れる気持ってわかる気がするわ
え──？
ホント？
ガヤガヤ
ガヤガヤ
そんな女の子たちが
夢は結婚して家庭に入ること
……なんて言わずに
100
全員が男と同じに本気で社会進出してきてみろよ！
大学も就職も競争率が今の2倍になるんだぜ！
しかも社会進出して男を見る目が肥えてるから
ちょっとやそっとの男じゃ結婚もしてもらえない

女の子って たいていは
自分に安心と安全な居場所を
与えてくれる人を
求めているのよね
中年の男性の方が
そういうの与えて
くれそうじゃない？
若い男の子
なんて
頼りなくって
そうかなー
わたしは
中年は
趣味じゃない
きみ
そうなった時
自分が勝ち組の
男に入っているって
いう自信ある？
とてもじゃ
ないけど
俺は自信ないよ
だから
女性差別って
もちろん反対だけど
なくなったら不安だよ
女の子には悪いけど
そうなんだ！
女性差別って何かって
本当は男はみんな
知っている

人間的興味は
別だけど…ね
あなたは
いいわよ
イザとなったら
1人でも生きて
いけそうだもの！
ガタ
ガタ
ガタ…
ガタ…
笑われちゃった…
あら違うわよ
うらやましいって
思ってるのよ
女の子に「1人では あんたに
未来はないよ」って
思わせること……
うちの姉貴は
今は結婚して
家を出ているけれど
OL やっていた時
こんなふうに言っていた
お父さんは
伸二のことは
小さい時から
登山にも
スキーにも
一緒に
連れて行ったわ
なぜ わたしは
お母さんと留守番
なんだろうって
いつも疑問だった

自分の居場所
か……
いつか わたしも
誰かと一緒に
そういう場所を
つくるのだろうか
だけど そんな将来は
まだまだ ず――っと先の
ことのように思える……
男の子の将来は
大切だ!
高校も
伸二の場合は
お父さんが
下見に行って
決めたのに
わたしの場合は
最初から
就職って
決まっていた
その時ぼくは
まだ高校生
だったので
こう言った
だけど
女の首相だって
いるし
女の社長だって
大学教授だって
いるじゃない?

こんにちはー
今から
入りまーす
ハンバーガー
あ
山本さん
裏口の荷物
中に入れちゃって
くれる？
ハーイ
女の子にとって
今の社会は
割が合わない
そんな特別な
人のことを言って
るんじゃないの
わたしみたいな普通の女の子が
どうしたら自尊心を持って
自分の人生を生きられるか…って
いうことよ
はい
あんたの洗濯物

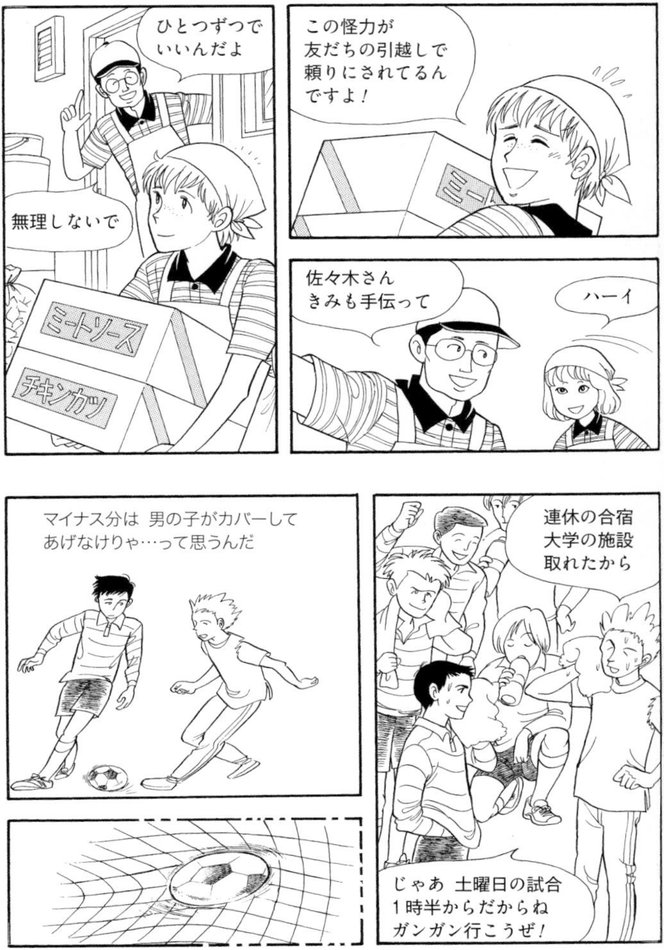
ひとつずつでいいんだよ
無理しないで
ミートソース
チキンカツ
この怪力が友だちの引越しで頼りにされてるんですよ！
佐々木さんきみも手伝って
ハーイ
マイナス分は 男の子がカバーしてあげなけりゃ…って思うんだ
連休の合宿大学の施設取れたから
じゃあ 土曜日の試合1時半からだからねガンガン行こうぜ！

やだ――
重―い
運べな――い
こんなの―
ひょい
ありがとー
長井クン
しょーが
ないなー
写真集
この女の子って
いったい
どんな気持で
こんなこと
したんだろう……

男の子って
頼られると
うれしいのよ
これも気配り
わたし博愛主義だから
……なーんてね
ホントは
ちょっと
ズルイのかも
きみのお母さんが
見たら泣くよ
ホント……
スッ
くしゃくしゃ
ポ

伸二
ビール飲むか？
あ
ちょーだい
そーなんですねェ！

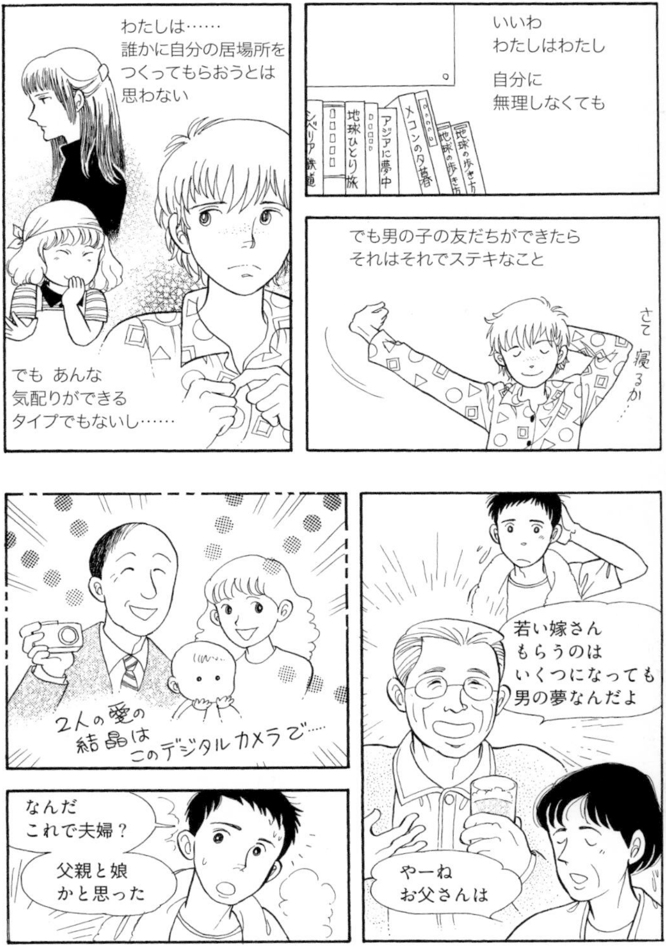
わたしは……
誰かに自分の居場所を
つくってもらおうとは
思わない
でも あんな
気配りができる
タイプでもないし……
いいわ
わたしはわたし
自分に
無理しなくても
シベリア鉄道
地球ひとり旅
アジアに夢中
メコンの夕暮
地球の歩き方
地球の歩き方
でも男の子の友だちができたら
それはそれでステキなこと
さて寝るか……
2人の愛の結晶は
このデジタルカメラで……
なんだ
これで夫婦？
父親と娘
かと思った
若い嫁さん
もらうのは
いくつになっても
男の夢なんだよ
やーね
お父さんは

ホント
だってば！
冬こそビール
きょう２回も若い子が
ポスターはずすの
見たんだぜ
学生の間で
なんかそういうの
流行《はや》っていると
見たね 俺は
Station

ゴトト…ッ
ゴトト…ッ
ゴトト…ッ
それでは
コンパ開催と
みんなの健康に
カンパーイ！
それでは　1人ずつ
自己紹介 ねー

花子さんの見た未来？

大学4年生の花子さんは
友人たちと卒業旅行で
スキー場に来ていた
就職も　どうやら
みんな決まったし
きょうは
思いっきり滑りましょー
キャア
キャア
ドドド
きゃあ
ナダレよー
花子ーー
ズーズッ

う―ん……
先生！ 患者さんが 眼をさましました
はっ
オー 奇跡だ!!
あなたは このような状態で 東北自治州の崖下から 発見されました
身につけていたリフト券から 2002年の事故だった ようですね
ちなみに現在は 2050年です
完全な凍結状態《コールドスリープ》で あったため当病院での 蘇生が可能となったのです
体細胞組織などは すべて22歳のままですよ
マ…マンガのような話だ……
こんにちはー
ごきげんいかが？ 花子さん

はじめまして
わたしあなたの
いとこの娘の
風子《ふうこ》です
35歳よ!
母は去年
亡くなったの
ほんとは花子さんの方が
わたしよりずっと年上なんて
なんだかヘンね
同い年のいとこ
葉子ちゃん
退院許可が下りたので 迎えに来たの
わたしが一番近い
身内なもので
東北自治州
とはこんな所
<長野エリア
よみがえった
半世紀の奇跡!!
「お茶漬が食べたい」と…
カチャ
カチャ
カチャ
医療スタッフは語る
花子さんのことは
新聞で大きく
報道されたのよ
もちろん匿名だから
大丈夫よ
とりあえず我が家で
しばらくは
リハビリ生活ね
高い建物ばっかりね……

花子さんのご両親の世代は うちの母の世代よりも
あんがい長生きだったのよ
ナム……
両親とも享年85歳ね
20世紀末に男性の過労死が問題になってたでしょ？
21世紀に入って仕事を持つ女性が増えると今度は女性の過労死も出てきたのよ
ふーーん
仕事の他に家事・育児・介護とこなしてちゃ当然まいるわよね
社会体制はまだまだ整っていなかったし
母なんかシングル・マザーで大変だったみたいね
大寺霊園駐車場
今なら労働時間も1日6時間だし
ソーラー エネルギー注入所
企業の在宅勤務制度も一般化してきたわ
ふーん
GINZA STREET
それで明るいうちから家族でウィンドウショッピングができるのね

さあ着いた
これが
わたしの住んでいる
マンションよ
ただいまー
花子さんも一緒よ
おかえりなさーい
紹介するわね
こちらは
パートナーの
実果《みか》さんと
萌《もえ》ちゃん
よろしく
お話は
風子さんから
聞いてます
エ…と
実果さんの
お子さん？
2人のよ！

萌ちゃんはもともと
実果さんと前夫の
間の子ども
なんだけど
わたしたちのような
同性のカップルでも
親権が認められて
いるので
手続きをして 今は
わたしたち２人が親なの
花子さん
来たんですって？
末永民江さん
（看護師）独身
キッシュ焼いてきたの！
お隣さんと
お向かいさんよ
この週末
夫のいる郊外に
みんなで押しかけて
歓迎パーティーを
しましょう！
やったぁ！
襟川良子さん
（公務員）
既婚

明日育夫《あすだ》
（陶芸家）
既婚
やあ
いらっしゃい
ママーー
こんにちはー
またおじゃまに
来ましたよ
元気にしてた？
タッくん
大きなおうちに
住んでらっしゃるん
ですね
田舎に移り住んで
いろいろやりたい人の
ための共同住宅
なんですよ
安く借りられるんです
地方の過疎対策でね
個人住宅もありますよ

このバーベキュー場は借り切ってあるからね
わぁっ
さあ じゃあ みんなで準備しましょう
清美ちゃんとテッちゃんも呼んであるよ
ホント？
バラバラ
バラ…
ちゃ〜〜す！
バラバラ…
ウワサをすれば…ね
これビールのさし入れ
サンキュー
Beer
だいぶ可愛いいのが伸びてきたね テッちゃん
楽しみなんだ
女の人？
あとは女でもアゴヒゲ生えないかなーと思って
これ飾って
いつも気を使ってもらって…
ありがとう
じゃあ こちらは…

清美ちゃんはね
みんなに会えるのがうれしくて
昨日はロクロク眠れなかったんだよ
やだ――
バラしちゃ
ボクはずかし――
テッちゃんは徹子さんといって大工さん
清美ちゃんは園芸家よ
わたしと育夫さんもね
20代は一緒に働いていたんだけど
子どもができた時
2人で相談して
この人が会社をやめて
子育てにまわったの
もともと
会社勤めって
合わなくてね
家事をしながら
陶芸学校に
通って
今の仕事に
なったんだ
自分の窯を持ちたくて
タッくんとこちらに
移り住んだの
わたしは週末の
通い妻…ってわけ
お～い ぼくらも
入れてよ
田中夫妻ね
やんや

みんなの話を
いろいろ合わせてみると
どうやら今は
こうなっているらしい…
ある時から徐々に税金・年金・保険が
個人単位になり「扶養家族」という言葉が消えた
(そのかわり子どもと老人には 国から補助が出る)
お給料は1人の人間が
自分1人の面倒を見られればよい額でいいので
基本的に低くなり 労働時間も短縮された
異性のカップル
同性のカップル
独身
高いお給料の人に
家族でぶらさがる…
ということがないから
いろいろな生き方ができて
関係も対等になるのかも…ね

生涯専業主婦という人も
もちろんいるのだが
今では
一部のお金持に
限られている
ようだ
わたし
働いてません
専業主婦です
乳母とお手伝いさんと
家庭教師を家で
雇っていますけど

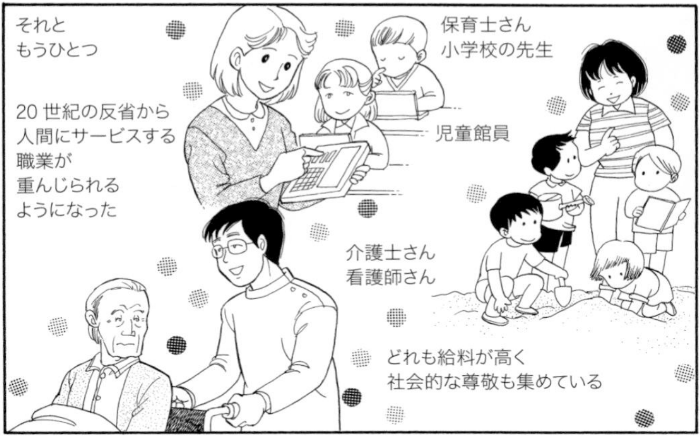

それと
もうひとつ
20世紀の反省から
人間にサービスする
職業が
重んじられる
ようになった
保育士さん
小学校の先生
児童館員
介護士さん
看護師さん
どれも給料が高く
社会的な尊敬も集めている

ぼくも介護士に
なろうと思っている
んだけれど
競争率がすごいの
それにメンタルテストや
実技テストに受かるのは
女性の方が多いんだ

男の人たちが
他人との競争心・闘争心を
アイデンティティとして
家事や地域社会を
おろそかにしてきた
長年のツケが
回ってきたのよ
……と
看護師の民江さん
「人生をシェアする」
という男性学講座が
このところ夜間の
カルチャーセンターで
満員だ
またいつでも
遊びに来てねー
そうだ
帰り道にあるから
母のお墓に
寄って行きましょう
え？
葉子ちゃんの？
でも ここ
森じゃない？
墓地はどこ？

花子さんの
ご両親のような
昔ながらのお墓も
あるけれど
今は　こうした
森林公園墓地が
多くなっているの
お墓の継承者が
いない人が増えたのと
自然保護も兼ねてね
ここに母のお骨を
散骨したのよ
でも　ここへ来ると
森全体が母のように
思えて癒されるの
ミスター・コンテスト
反対のデモだわ
がんばってるわ
ねー
ハンサム君、いらっしゃい
反対
やめろ!!
ミスター・コン
ハンターイ
自治体は後援
から手を引けー
男は顔や身体
じゃないぞー
水着審査なんて
何考えてるんだー
反対!
やめて!
ミスター・コン!
ミス・コンっていえば
昔は女性差別
だったのに……
弱い立場の性が
商品化されるのね

……というわけで
花子さんのリハビリも
順調に過ぎていった
やっぱ　そろそろ
働かないと……
旅行代理店
勤務
翻訳業
昔は求人募集に
年齢制限や男女差別が
あったんですってね
確かに今は
条件としては
経験者優遇
くらいなものね
募集
ズリッ
え？
募集
ピューー
なんなの〜
う――ん

あ　花子ちゃんが
眼をさました──
え？
パチクリ
よかった　よかった
あなたナダレ事故で
2日間も昏睡状態だったのよ
おかあ…さん？
でも花子ちゃん
なんだかずっと
楽しそうな夢
見てるみたい
だったわよ
葉子ちゃん……
よかった
よかった
え？　……ということは
……って
夢だったの？
それにしてはリアル…
もしかして未来にまぎれ込んだのかも？

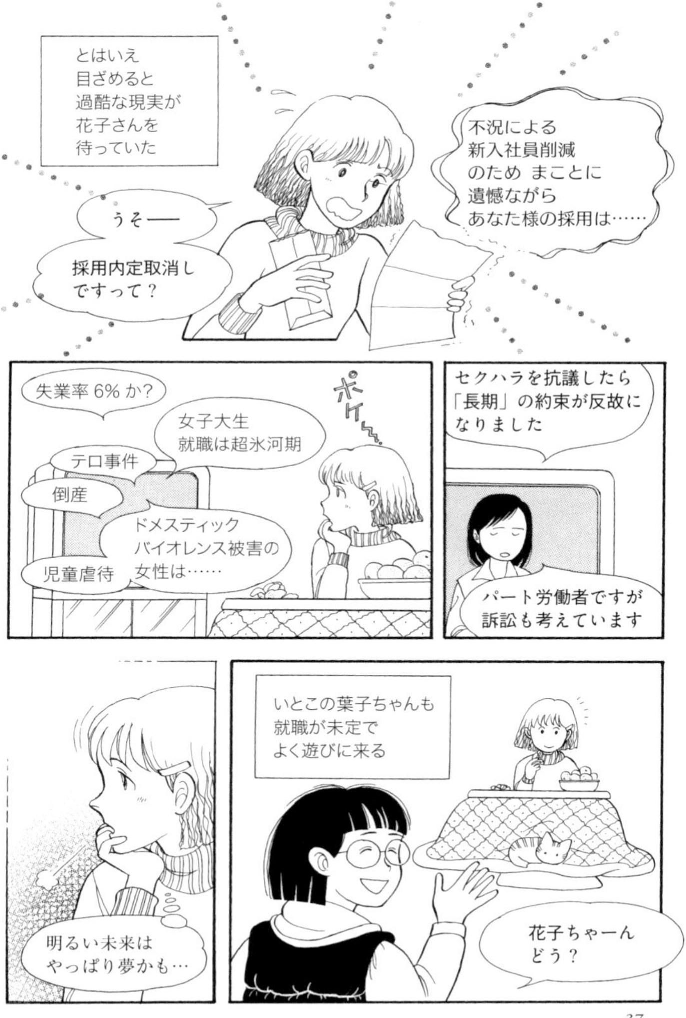
とはいえ
目ざめると
過酷な現実が
花子さんを
待っていた
不況による
新入社員削減
のため まことに
遺憾ながら
あなた様の採用は……
うそ――
採用内定取消し
ですって？
失業率 6% か？
女子大生
就職は超氷河期
テロ事件
倒産
ドメスティック
バイオレンス被害の
女性は……
児童虐待
ポケ
セクハラを抗議したら
「長期」の約束が反故に
なりました
パート労働者ですが
訴訟も考えています
明るい未来は
やっぱり夢かも…
いとこの葉子ちゃんも
就職が未定で
よく遊びに来る
花子ちゃーん
どう？

2人とも
選り好みしてる
んじゃないの？
女の子は　どのみち
結婚するんだから
就職なんて
適当でいいんじゃない？
花子ちゃんのおばさん
いい人なんだけどサ
もしわたしが
女の子の母親になったら
あんな言い方は
しないわよ
そ…そうよね
未来は今とつながっているのよね
葉子ちゃん
風子さん
そうね
未来はもっと女性が
働きやすくなって
いるかもしれない
ものね
「でも葉子ちゃん
がんばり過ぎないで
お互い長生きして
楽しい人生を送ろうね」
…と思う
花子さんなのでした

今日の一日《ひとひ》の幸《さち》

お母さんは
なぜ結婚したの？
夕飯の後
長女の麻理子に
突然聞かれた
そうねー
わたしの若い頃は
女の人は年頃になれば
結婚するのがあたりまえ
だと思っていたの
だからお父さんに
プロポーズされた時
何も考えずに
結婚したのよ
いい人だったしね
ふーん
社内結婚
だったわね
2人とも
今 麻理子は
おつきあいしている人と
結婚しようかどうか
迷っているらしい

……短大の保育科を出て
商事会社のOL
今の夫と知り合い　結婚
（同世代の中では早い方だったわね）
熱烈な恋愛結婚という
わけではないけれど
2人の子どもに恵まれた
途中から
お義《か》母《あ》さんと同居する
ことになったけれど
まァまァ幸せな家庭を
築いてこられたと思う
2年前から
近くの幼稚園で
パートタイムで働き
始めた
短大で取った
保母資格が
役立ったわ
いいんじゃない？
ママが働くの
夫も
賛成して
くれた
ぼくも少しは家のこと
手伝うから

おはよう
レコード会社
勤務の
長女
おはよう
わたし きょう同期会で
遅くなるから
陽子さん
わたしの卵は？
すみません
切らしちゃって
良夫さんの分
だけなんですよ
ああ お母さん
ぼくはいいから
今年80歳になる
夫の母
少々髪が薄くなってきた夫
いってらっしゃーい
貴広
声かけたわよ
大学生の長男
うーん
じゃあお義母さん
お昼 これ温めて
食べて下さいね
家のことを全部して
出てくるのは
今でこそ慣れたけれど
最初は
大変だった

それでも
勤めてみると楽しかった
自分がどんなに
こういう仕事をしたかったのか
わかった
村上さんは真面目で
園児たちにも
好かれているし
いつまでも
補佐の仕事では
もったいないわ
園長先生
幼稚園教諭の
資格を取りなさいよ
教育学部のある
大学の通信教育で
資格が取れるのよ
調べてみると
入学案内
大学通信教育
自宅学習と
少しの通学で
可能なのだが
学費は安いけど
結局４年制大学の
科目とさらに
専門科目を履修する
ことになるらしい
何年もかかるかも……

お給料も
上がるわよ
今のお給料が
配偶者控除枠の
範囲ギリギリだから
資格を取って
お給料が上がっても
税金や保険料を払って
実際に受け取る額は
かえって低くなるかも
しれない
入学案内
今のままの方が
得なんじゃない？
…って夫は言うけれど
でも資格があれば
園運営の企画に会議の
段階から関われるし
担任を持つことも
できる
配偶者控除枠って
主婦はいつまでも
主婦のままでいなさい
…って言っているみたいね

陽子さん
あ お義母さん
良夫 まだ帰って来ないの？
遅いわね
背中が痛いのよ
明日また病院に
行って来ようかと
思って……
なんだか近頃
病院の前の
道路が混んでて
渡るのこわくてね
少し行った所に
歩道橋があり
ませんでした？
階段なんて
年寄りには
キツイわよ
お義母さんの病院通いにも
付き添いが必要になってきた
のかしら…

3日前には
貴広が
突然言った
俺
大学受け直し
たいんだけど…
なんだか俺のやりたいことと
違うところへ入っちゃった
みたいなんだ
入るまでは
わからなかったけど
お金のことはバイトして
迷惑かけないように
するから
オヤジには
黙っててよ
キチンと決めたら
俺から言うから
だってあんなに
がんばって
合格したのに？
受け直すと言っても
うちには
そんなに余裕は
ないのよ
大学通信教育
やっぱり
夢になるのかな……

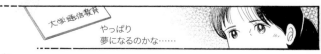

土曜日に姉がやってきた
2人の娘は結婚して
今は夫婦だけの
気楽な日々
カルチャーセンター
水泳・旅行…と
毎日忙しい専業主婦だ
陽子
よかったわよー
オーストラリア
はい　これおみやげ
年に1度は
海外ツアーにも出かける
今度初めて上の道子と
行ったんだけど
娘と旅行もいいものね
ツアーの中には
ダンナと来る人が
いるけど
気がしれないわ
ボー
はい
ワイシャツ
はい
洗面道具
旅先でも
家とおんなじ
こっちはちっとも
休まらないの
旅行はやっぱり
友人か娘とが
楽しいわ
あら
どうしたの？
陽子
疲れた顔して
そ…
そう？
…時々
姉の気楽さが
うらやましく思える

久しぶりに学生時代の
友人の集まりがあった
Prince
オアシス
熟年お見合いパーティ
というのに出てみたの
彼女は
若い時に離婚して
今は自分のお店を
持っている
だけど
幻滅よ
男の人は自分の老後を
見てくれる女の人を
望んでいるんですもの
わたしが望むのは
恋人
結婚して
家政婦にもどる
つもりはないわ

この人は
夫が定年になったら
絶対離婚する
と張り切っている
彼女の夫は
長年の暴力夫
だったとかで
ついこの間
離婚し
今は生き生き
している
クラス会楽しかった？
ぼくは１日ゴロゴロ
しちゃったよ
近頃バテバテだ
電車でも気がつくと
空く席捜してるものなぁ
男にも更年期って
あるんだってね
それかも
しれないね
わたしはたぶん
ずっとこの人と
一緒だと思う

夫が安い昼定食を
食べている時に
わたしたちは
一流ホテルの
ランチ・バイキング
なんて……
なんだか
気が引けるわね
いいのよー
むこうだって
何かと言っては
飲んで来るんだから
それに主婦だって
これくらいの息抜きが
なくちゃ
ねー
やっぱり
誘いに乗るのは
ホドホドにしておこう
ちょっと遠出したけど
おいしいところだった
わねー
また来月も
楽しみに
あ ちょっと買物
して行こうかしら
ブー

お父さん…？
お父さん
何してるの？
こんなところで

あの年でしょ なかなか仕事が 見つからなくて…
それでね 聞いたら
実は２カ月前に リストラされて いたんですって
それで姉さんは なんて？
ずっ
わたしに言えなくて 毎日会社へ 行っているフリを していたみたい
リストラされたって 仕事見つからなく たって
お父さんは わたしには 大事な人なん ですからね
な…なによ お父さん 水くさい
こんな寒空で 身体でもこわしたら どうするの！
定年が少し 早くなったと思えば いいじゃない
少しだけど 貯えだってあるし 年金が出るまで 地道に暮して行きましょうよ
…って言ったわよ

だからあんたも今の仕事やめちゃだめよ 陽子
良夫さんだって いつ何があるかわからないんだし
良夫さんもお母さんを見てもらっているんだから
言うだけでなく陽子をもっと手伝ってあげてね
姉が帰ってから麻理子が言った
彼は結婚したら仕事はやめてもらいたいっていう人なの
でも わたしはお母さんを見ているから女の人も仕事で生き生きするって大切だと思って
通信教育？
オフクロって努力家……

あ
先生――
村上先生――
キィッ
あら
健太くん
舞ちゃんも
先生
先生
今帰りなの？
何年生に
なったのかしら
もう２年生だよ！
そうか　今までは
先生の帰り時間より
早かったので
なかなか
会えなかったのね

先生 わたしね 絵のコンクールで 銀賞もらったの
よかったねー
舞ちゃんじょうず だったものね
ぼくの妹 今 年少さんに いるんだよ
知ってる 京子ちゃんでしょ
健太くんに 似ているよね
やっぱり 続けていてよかった

帰ったら 通信教育も 申し込んでみよう
家のことも 大変になったら みんなのサポートを 頼めばいいんだわ
新しい経験が待っている と思ったら なんだか 学生時代のように ワクワクしてきたわ 不思議ね
お父さん けっこう細かい性格だから 家事 わたしより向いているかも…
いっそ まかせちゃって わたしが働きに 出ようかしら
求人情報